用阅读
滋养童年

上海市嘉定区成人教育学院
上海市嘉定区社区学院 ◎ 编

百花洲文艺出版社
BAIHUAZHOU LITERATURE AND ART PRESS

图书在版编目（CIP）数据

用阅读滋养童年 / 上海市嘉定区成人教育学院, 上
海市嘉定区社区学院编. —— 南昌：百花洲文艺出版社,
2024. 10. —— ISBN 978-7-5500-5119-5

Ⅰ. G252.17

中国国家版本馆CIP数据核字第20249FA218号

用阅读滋养童年
YONG YUEDU ZIYANG TONGNIAN

上海市嘉定区成人教育学院
上海市嘉定区社区学院   编

出 版 人   陈　波
责任编辑   郝玮刚
书籍设计   黄敏俊
制　　作   何　丹
出版发行   百花洲文艺出版社
社　　址   南昌市红谷滩区世贸路898号博能中心一期A座20楼
邮　　编   330038
经　　销   全国新华书店
印　　刷   湖北金港彩印有限公司
开　　本   720 mm×1000 mm　1/16
印　　张   7
版　　次   2024年10月第1版
印　　次   2024年10月第1次印刷
字　　数   80千字
书　　号   ISBN 978-7-5500-5119-5
定　　价   38.00元

邮购联系   0791-86895108
网　　址   http://www.bhzwy.com
图书若有印装错误，影响阅读，可与承印厂联系调换。

目　录

一、 阅读是如此重要的事

学会读书，便是点燃火炬；每个字的每个音节都发射火星。

——［法］雨果

有这样一个故事：废纸回收站的打包工汉嘉，他每天的工作是把送到这里的书本、纸张用一台压力机压扁，打包成一包包的废纸块。这份工作又脏又无聊，但汉嘉却甘之如饴，因为他能在其中找到宝贵的书——康德的《自然通史和天体论》、老子的《道德经》、歌德的《浮士德》、荷尔德林的诗集、毕加索的画册……每天与书相伴，每天与高贵的灵魂交谈。他说——

"我看到耶稣在不停地登山，老子却早已高高地站在山顶。我看见那位年轻人，一心想要改变世界，老先生却与世无争地环顾四境，以返璞归真勾勒他的永恒之道。我看见耶稣如何通过祈祷使现实出现奇迹，而老子则循着大道来探寻自然法则，以达到博学的不知。"

他把这些从废纸堆里拣出来的书，一页一页、一个词一个字地欣赏着，就像小朋友吮吸糖果的甜蜜，就像美食家品酒一般，小口小口地呷着。他做了三十五年打包工，也许在世俗看来，他的生活无聊无趣，他却畅游在文明的海洋，拥有心灵的富足，寻得了精神的自由。

这个故事来自小说《过于喧嚣的孤独》，捷克作家博胡米尔·赫拉巴尔的作品。在这个故事中，我们可以看到阅读的力量，是何以让一个人富足，何以让一个人成为独一无二的个体。

在中国的当代作家中，一位名叫李娟的写作者，是近年来的现象级作家。她幼年时，母亲在新疆的牧场流动摆摊，卖小商品、缝衣服，一年四季，随着牧民的迁徙而迁徙。李娟那时跟着在四川的外婆，念小学。外婆拾荒，家里堆满了收来的废纸，李娟就坐在那些纸堆上，翻找那些有字的纸，翻找书报，什么都看，就像"饥饿的人扑在面包上"一样，沉迷于阅读。初中还没毕业，她也随着母亲去做了一名小裁缝，漂泊在新疆的草原上。在那些又深又黑的夜里，她把生活的见闻在油灯下一点一点写下来，把幼年阅读期积蓄的"营养"，化作汩汩的文字。最终，这些文字感染了很多读者，她也成为了知名的作家。

是什么让打包工汉嘉过着平凡甚至乏味的生活，却拥有高贵的精神世界？是什么让李娟从一个初中肄业的小裁缝成为文采斐然的写作者？是阅读，阅读让他们不局限于当下的贫乏与困窘，见识了更广远的世界、更博大的文明，拥有了更丰富的心灵生活，成就了更"富有"的人生。

如果在孩子的成长过程中，我们需选择一项能为其未来学习奠基的活动，培养一种将深远影响其终身学习的能力，那么这无疑应是阅读。法国作家雨果说："学会读书，便是点燃火炬；每个字的每个音节都发射火星。"让我们为孩子点燃阅读的火炬，陪伴孩子感受来自字词的璀璨之美吧。

1. 阅读决定语文素养

著名数学家苏步青，他被誉为"东方国度上灿烂的数学明星""东方第一几何学家"，他也是一位教育家，曾任复旦大学校长。他说——

> 如果数学是学习自然科学的基础，语文则是基础的基础。
> 语文是基础，是成才的第一要素，没有一定的语文素养根本学不好数理化等其他科目。

苏步青先生所说的语文素养具体指什么呢？

语文素养是指一个人在语言文字方面的修养和素质，包括对语言文字的理解能力、运用能力和欣赏水平等。

*语言表达能力：能够清晰、准确地表达自己的思想和情感，包括口头表达和书面表达两个方面。这需要良好的词汇积累、语法结构掌握，以及表达技巧的运用。

*阅读理解能力：对文本的阅读理解能力，能够准确把握文章的主题、观点和逻辑，理解其中蕴含的情感和文化内涵。通过阅读，可以扩展知识、开阔视野、提升思维能力。

*文学鉴赏能力：对文学作品的欣赏水平、鉴赏能力，例如对诗歌、小说、散文等不同文学形式的理解和欣赏，以及对文学作品中文化、历史、人性等方面的深刻体会。

*文化传承意识：对语言文化传统的认同和继承，包括尊重语言文字的规范、传统和历史，保护和传承优秀的语言文化遗产。

*批判思维能力：具备批判性思维，不仅能够理解和欣赏文本，还能够对文本进行分析、评价和批判，提出自己的见解和观点。

如上，语文素养不仅是一种基本的学科素养，更是一种综合性的文化素养，涵盖了语言表达、阅读理解、文学鉴赏、文化传承和批判思维等多个方面，对个体的综合素质和社会的文明进步都具有重要意义。近年来，语文学科也越来受重视，"得语文者得天下"，从提升考试成绩的"功利"角度来说，诚然如此；核心还是在于语文学科，是"基础的基础"。那如何才能提升语文素养呢？

我们先看这个故事——

一个年轻人离家出走，踏上了寻找财富的旅程。在旅途中，他听说在世界的尽头，有一座神秘的城堡，城堡里藏着一扇神奇的大门，只有用金钥匙才能打开。于是，年轻人决定踏上寻找金钥匙的旅程。一路上他找到了各种各样的钥匙，有的金色，有的银色，有的铜色，甚至还有一把普通的铁钥匙。最终，他来到了城堡的中心大厅，发现了一扇巨大的门。门上写着"用正确的钥匙打开我"。年轻人拿出了所有的金钥匙，但都没有成功打开大门；又拿出所有的银钥匙，还是没有打开大门。年轻人陷入了困惑。就在他即将绝望时，他想起了门上写的"正确的钥匙"，并不是写"最贵重的钥匙"啊，于是试着用那把普通的铁钥匙去开门。奇迹出现了：铁钥匙竟然打开了大门，映入眼帘的是琳琅满目的珍宝。

这个故事告诉我们，要想打开宝藏的大门，得用正确的钥匙。

如果说语文知识的世界是一座宝库的话，那么阅读就是打开宝库大门的钥匙，这把钥匙看起来也许普通，但却是最正确的钥匙。通过阅读，孩子可以积累词汇、丰富语言的表现力；可以增长见识、拓宽认知的边界；可以提高对文本的理解水平、了解作品背后的深层含义，培养文学鉴赏能力，提高文学修养和审美情趣；了解不同的观点和思想，培养批判性思维……从而提高语文素养，打好语文基础。

教育部统编本中小学语文教科书总主编、北京大学中文系教授温儒敏先生说："没有课外阅读，那语文教学就只是'半截子'的。新编语文教材主张读书为主，读书为要。抓住这条，就可能化繁为简。"当前的语文教学也越来越重视阅读，整本书阅读、群文阅读等多种阅读教育方式都进入到课堂。

著名教育家叶圣陶则指出："国文（语文）教学的目标，在养成阅读图书的习惯，培植欣赏文学的能力，训练写作文字的技能。" 叶圣陶先生强调了阅读在语文教学中的核心地位，因为有了阅读的习惯，语文素养的提升也就有了途径。

所以，要提升语文素养，一定要重视阅读，从小培养孩子的阅读习惯。

2. 阅读指向学习能力

读书是最好的学习。追随伟大人物的思想，是最富有趣味的一门科学。——［俄］普希金

"好好学习，天天向上。"这句我们听得烂熟的话，让每个孩子都知道"学习"的重要性。那什么是学习？

学习是指通过获取、理解和应用信息或技能或经验，从而改变个体的行为、思维或情感的过程。学习是人类与生俱来的能力，是一种持续的认知过程，不断地塑造着个体的认知结构和行为模式。学习的方式多种多样，包括阅读、听讲、实践、观察、模仿、体验等。孩子们看到同伴的所作所为，进而模仿，是学习；孩子们在学校听老师讲课，是在学习；孩子们到花园里去除草，去捉虫，也是学习。但随着孩子们长大，我们会发现，每个孩子学习的快慢是不同的，有的学习得快，有的慢一些；年龄越大，这样的分化也越加明显。那是什么导致了这样的分化呢？是学习能力的不同。

学习能力是指一个人获取、理解、应用和整合知识的能力，同时还包括对新信息的理解和应用的能力。这不仅包括获取、理解、应用、整合在学校或课堂上学到的知识，还包括获取、理解、应用、整合日常生活中通过经验和实践所获得的技能和见解。学习能力可以通过不断地学习和练习而得到提升，是一个人成功发展的基石。

学习能力强的孩子，能快速有效地抓取信息，理解知识点，能整合知识并运用到具体问题中去，也就是"举一反三"；学习能力弱的孩子，往往在信息提取时，难以抓住要点，理解得慢，整合和应用就更难了。

他们对所学教材的领会、理解和记忆都很困难，都很迟缓。一项内容还没有理解，另一项内容又该学习了；一项内容背熟了，另一项内容又忘记了。

苏联教育家苏霍姆林斯基如此描述学习困难的孩子。那如何解决学习困难的问题呢？

有的教师认为，要减轻这类学生的学习负担，必须最大限度地缩小他们脑力劳动的范围（如有时教师对学习困难的学生说：你只读教科书就行了，不要分散精力去读别的书）。这是一种完全错误的见解。

苏霍姆林斯基语气坚决地批驳这种观点。

　　学生的学习越困难，在脑力劳动中遇到的困难就越多，就越需要多阅读：就像感光力弱的胶卷需要更长的感光时间一样，成绩差的学生的智力也需要更明亮和更长时间的科学知识之光来照耀。不是补习，不是没完没了地"督促"，而是阅读、阅读、再阅读。这能在学习困难学生的脑力劳动中起决定性作用。

苏霍姆林斯基认为，只有阅读，才能有效地帮助学习困难的学生摆脱成绩不良的状况，才能提升学生的学习能力。

　　阅读是学习知识的途径，也是培养学习能力的途径。通过阅读图书、杂志、报纸等，孩子们可以获取丰富的信息和知识，扩展自己的视野和认知。其次，阅读可以培养孩子的思维能力和阅读理解能力。阅读不仅是接收信息，更是一个需要读者理解、分析、评价和应用所读内容的过程。这种思维过程的训练有助于提高人们的学习能力和解决问题的能力。此外，阅读也可以激发人们的想象力和创造力，促使他们在学习中持续保持好奇心和求知欲。

　　因此，每天抽出时间，陪伴孩子阅读。阅读的过程，是学习知识的过程，也是培养学习能力的过程。在阅读中激发孩子的求知欲和好奇心，让他们在书中获取信息、理解和探索世界，在想象中飞翔，生出无穷无尽的"点子"和问题。这能让孩子从内心生长出学习的力量。

爱因斯坦曾说过，阅读是知识的源泉、想象的燃料、智慧的宝库。这句话揭示了阅读对于塑造一个人的思维和智慧的重要性。而拿破仑更是强调，一个国家的未来在于教育，而教育的未来在于阅读。因此，作为家长，我们应该意识到，培养孩子良好的阅读习惯不仅仅是让他们学到眼前的知识，更是培养他们的学习能力，为孩子的未来奠定坚实的基础。

3. 阅读关系精神成长

人的影响短暂而微弱，书的影响则广泛而深远。

——［俄］普希金

孩子们阅读的图书，由字词与图画组成。字词与图画乃至标点，只是图书的"物理构成"，而它们所包蕴的内容，是前人对世界的认知、对人性的洞察、对经验的总结、对生命的体悟，是对文明与文化的传承。阅读对孩子们来说不仅仅是获取知识的途径，更是促进精神成长的推动力。

精神成长，指的是个体在心理、情感、人生观和价值观等方面的成熟与发展。这种成长不仅仅是年龄上的增长，更多的是对自我、对他人、对世界的深入理解和体悟。通过阅读，孩子们能够接触到丰富多彩的故事、深刻的思想观点和不同的文化背景，这些都会对他们的精神世界产生深远的塑造和影响。书籍中的智慧和哲理能够启迪孩子们的心灵，引领他们探索自我、理解他人，进而培养孩子的世界观和人生观、价值观。因此，阅读不仅丰富了孩子们的知识库，更为他们的精神成长提供了宝贵的养分。

精神成长是一个持续的过程，需要在阅读中、在经历世事中不断地积累和沉淀。所以，也可以说，一个人的阅读史就是他的精神成长史。孩子从文学作品中认识世界，体会真善美，对他人抱有同情，对人世有深情，形成自己的价值判断；孩子从历史读物中认知民族的发展历程、人类文明的渊源，认识历史人物对历史发展的影响，认识历史发展对生活的影响，触摸文明的脉络，形成世界观；孩子阅读传记读物，从英雄人物、杰出人物身上汲取精神力量，从他们的人生经历中学习经验，学习如何抵抗惰性、抵抗诱惑，学会如何面对人生的挫折与困难，如何坚持自己的信念和价值观，如何在复杂的社会中保持一颗纯净的心，进而培养坚忍不拔的意志，培养高尚的品格。这种种的图书，就像马车一般，把孩子带向远方，这前行的历程就是孩子磨砺心性、精神成长的历程。

"哈利·波特"系列小说的作者 J.K. 罗琳，被誉为"有史以来最成功的儿童文学作家"。她的作品创造了童书销量的纪录，她的作品改编的电影在全世界的影院播放。然而在她成名之前，她也曾经历了生命中的低谷：离婚后独自带着孩子，租住在没有暖气的平房里。由于经济拮据，只能去咖啡馆蹭暖气，而她口袋里的钱常常只够买一杯咖啡。那些艰难的日子里，她从童年阅读中奠定的坚韧精神，支撑着她挺住，不向窘迫低头；靠着深厚的阅读素养，她从记忆中汲取养分，从幻想中寻找灵感，最后转化成笔下的神奇魔法世界，成就了风靡世界的作品，走出了人生的困境。深知阅读对于人生的意义，所以罗琳一直在鼓励和支持儿童阅读。她不仅推荐《比得兔的故事》《查理和巧克力工厂》等名家经典，还多次举办朗读活动，带领孩子们一起读故事，希望阅读成为孩子们的一种习惯，一种跟吃饭、睡觉一样必须具备的生活习惯。

科学家爱因斯坦也曾说："阅读是使心灵得到真正教育的最主要方式。"书籍中蕴含的智慧和哲理，启迪心灵，提升心智，引领孩子们走向更高层次的精神世界。

阅读是滋养孩子精神成长的甘泉，让他们的心灵沃土开出鲜花；阅读是引领孩子前行的马车，把他们带向远方；阅读是点亮孩子内心世界的明灯，照亮他们的梦想。而我们的家长朋友，就是距离孩子最近、最适宜为孩子点亮阅读明灯的点灯人。

附录一

成人阅读习惯自我测评

自我测评项目	完全符合	比较符合	一般	不太符合	完全不符合	不适用
能够根据个人兴趣、生活需求、工作需要选择不同的图书	5	4	3	2	1	0
能够根据需要寻找到相关的图书	5	4	3	2	1	0
能够合理安排阅读时间，每周纸质图书的阅读时间不低于3小时	5	4	3	2	1	0
可以合理安排阅读空间，有一定的藏书	5	4	3	2	1	0
能够利用社区文化中心、公共图书馆等公共文化资源	5	4	3	2	1	0
能够使用各种媒介进行阅读	5	4	3	2	1	0
阅读兴趣广泛，愿意阅读文学图书、专业图书等	5	4	3	2	1	0
能够评估作者的写作功底和表达能力	5	4	3	2	1	0
能够评估图书的篇幅是否合适、传递的信息是否全面	5	4	3	2	1	0
能够根据文本内容推导出作者虽未明言但想要表达的内容	5	4	3	2	1	0
能够运用准确、规范、流畅的语言表达出对文本的理解	5	4	3	2	1	0
能够准确、生动地表达出文本所描述的情感、意义	5	4	3	2	1	0
能够运用想象力和创造力，进行文本变换和拓展	5	4	3	2	1	0

续表

自我测评项目	完全符合	比较符合	一般	不太符合	完全不符合	不适用
能够准确理解文学作品的情节、人物、主题、寓意等	5	4	3	2	1	0
能够分辨文本中的真实性、价值观和思维方式的偏差	5	4	3	2	1	0
有良好的阅读习惯，如定期阅读、深度阅读等	5	4	3	2	1	0
经常购买或借阅图书	5	4	3	2	1	0
能够积极参加各种阅读活动	5	4	3	2	1	0
养成写读书笔记的习惯，及时总结每本书的阅读心得	5	4	3	2	1	0
能够学习和吸收书中的内容，指导自己的行为	5	4	3	2	1	0
能够综合一类书的信息，提出自己的意见和看法	5	4	3	2	1	0
能够利用自身知识结构，为他人的阅读提出建议	5	4	3	2	1	0

如果您的得分在80分以上：您有良好的阅读素养，具备良好的阅读习惯。能读懂通常的图书，能根据图书的内容作出评判，能以图书的内容指导自己的行为。您的阅读对丰富个人经验、指导生活和工作，能产生影响。

如果您的得分在60分以上：您有一定的阅读素养，具备阅读的习惯。但还需要在阅读层次、阅读时长、阅读选择上得到指导和帮助。

如果您的得分在 60 分以下：您需要在阅读习惯上着意培养，延长阅读时间，根据自己的需要遴选阅读的图书，得到专业的指导和帮助。

二、阅读启蒙期，从零岁开始

我们能与孩子同处一个屋檐下的时光十分有限。作为父母，投入时间和精力与孩子一起读书的确是一件很重要的事，甚至比我们能做的其他任何事都重要。——[美] 莎拉·麦肯齐（美国著名阅读推广人）

从什么时候开始阅读？其实，孩子从来到这个世界，他就在"获取"外界的信息，认识爸爸妈妈，认识这个世界，那也是一种"阅读"。甚至，他还在妈妈肚子里的时候，就可以讲故事、放音乐给他听了。孩子听到这些充满爱意的声音，会渐渐地跟爸爸妈妈熟悉起来，拥有更多的安全感，心灵得到安慰。西南民间有这样一句俗语："养孩子要说三年'胡话'。"意思是孩子出生后的三年里，大人要常常跟孩子说话——为什么是"胡话"呢？这些话可能不符合通常的逻辑，而是大人与孩子沟通的"特别语言"，可能是估摸着孩子的想法去与他咿咿呀呀地交流，也可能是跟孩子说一些天南海北的、特别具有想象力的民间故事。以前没有那么多书，民间故事就靠口口相传，每位妈妈、每位老人家肚子里都有好些传说。而今天，我们可以给孩子的，不仅是"胡话"的声音，而且还拥有彩色画图的书本，甚至是有不同质感的书页、巧妙裁切的书页……儿童阅读的图书产品已经非常丰富。这些书的设计，其实从0岁就开始了。——是的，孩子刚刚出生时视力发展还不足看书，但其实为婴儿设计有黑白认知卡，渐渐地，还有彩色图画卡，如果从广义来说，也是书籍的一种。所以，我们的启蒙期阅读其实很早就可以开始，但这种阅读与大孩子的阅读确实有所不同。

如果把阅读启蒙期界定在0—6岁，那这个时期，又可以分为两个阶段，一是0—3岁，二是4—6岁。这两个阶段是孩子语言能力和认知发展的关键时期，也是培养阅读习惯的黄金时期。在此期间可以通过家长读书给孩子听、家长陪孩子阅读，来培养孩子的阅读力，丰富孩子的语言表达，帮助孩子认知世界，激发孩子的创造力、想象力、思维力。

1. 创设阅读环境

所有的读者应该都明白这样的道理：阅读的场所和我们阅读的乐趣、情绪、专心度有着极大的关系。——[英]艾登·钱伯斯（作家、阅读推广人）

对于一个家庭来讲，应该有专门的阅读空间。这个空间应是纯粹的，孩子在这里是舒适和放松的；这个空间应是朴素的，孩子在这里可以少受干扰、心无旁骛地读书；这里又应是充满书香和诗意的，让人顿生爱书乐读之心。

具体来说，孩子的阅读区域要符合如下要求——

*独立、纯粹。

阅读空间最好能与客厅、餐厅等家庭生活的其他功能区相隔离，这样孩子在阅读时，就不会被其他家庭成员的活动干扰。因为幼儿的注意力是相对不稳定的，前一秒还在关注一样事物，后一秒却很可能又被其他事物所吸引，所以在阅读空间最好只放置图书，不要放电视机、游戏机、玩具，或其他娱乐用品，让孩子保持专注力，不会被其他事物所吸引，专心于阅读。

*方便、安全。

对于孩子来说，书架的放置要稳固，不能摇晃、易倾覆，同时书不能码得太高，以免对孩子的人身安全造成伤害。孩子喜欢的书，也不能放得太高，要让孩子能很方便地拿到，以免孩子为取书爬高摔倒。现在市面上有各种展示型的儿童书架，高度在一米左右，这种书架能把书的封面朝外展示摆放，有利于孩子一眼看到自己喜欢的书，吸引孩子的注意，引起孩子的兴趣，拿取也很方便。

＊安静、朴素。

安静是就声音而言的，孩子看书时，家庭其他成员不要看电视，不要大声谈笑或跑来跑去，以免对孩子的阅读形成干扰。朴素是就视觉而言的，阅读空间的光线要明亮，墙面要素净，装饰不要太繁复，否则容易让人心情烦乱或走神；空间中不要有闪烁的灯带或其他华而不实的装饰品，以免孩子分心。

以上是空间要求。阅读空间的设置，还要视家庭居住环境而定。可以根据具体情况，将阅读空间设置在以下地方——

＊书房。在家庭居住环境许可的情况下，首选设置一间独立的书房，相对安静。书房可以是家庭成员共用，也可以让孩子单独使用。书房中不要放其他玩具或娱乐设施，营造一个纯粹的书的世界。

＊孩子卧室中开辟一个阅读角。孩子的卧室一般由孩子单独使用，在孩子卧室中开辟阅读角，可以保证孩子阅读空间的安静和独立。

＊将阳台布置成孩子的阅读空间也是一种不错的选择。一般来说，阳台相对独立于家庭生活的其他功能区，将阅读空间设置在阳台，可以远离客厅或餐厅，不会受到在这些区域活动的家庭其他成员的干扰。

＊如果屋子较小，不好区隔，可以在屋子的角落用书架间隔或其他方式隔出一小块区域，作为孩子的阅读空间。

＊将飘窗等部位设置成阅读空间。飘窗的面积虽然不会很大，但光线一般不会存在问题，可放一些垫子或摆放矮桌，来布置一个温馨的阅读空间。

除了阅读空间这一要素，图书的选择也是必须关注的。我们应根据孩子的年龄，为其准备相应的阅读材料，可以是绘本，也可以是卡片、洞洞书等非常规的阅读材料。比如，在孩子0—3岁时，可以为孩子准备图画书、一些不易被损坏的感知图书，如塑料卡片、洞洞书、立体书、点读笔及相应的点读材料等，方便孩子通过视觉、听觉、触觉等全面感知图书，在相关图像与声音等元素间建立联系，帮助孩子主动探索世界，培养阅读的兴趣。在孩子4—6岁时，家长可以为孩子准备无字图画书、图文书、文字书。在看书时，可以为孩子朗读书本上的内容，也可以根据相关的图片自己编故事，利用故事来培养孩子的空间感、距离感、观察力等。给孩子讲故事时，语言可以丰富些，表情和动作可以夸张些，可以加上一些表演的元素，从而激发孩子阅读的兴趣。

这个阶段的孩子兴趣转移会比较快，一开始非常喜欢的内容，过了几天可能就会完全失去兴趣，将之弃于一旁。所以我们要根据孩子的喜好，分门别类地为孩子补充新图书，比如既要为孩子准备与生活常识相关的书，也可以为孩子准备民间传说、科普知识、童话故事等多种类型的图书。让孩子在保持新鲜感的同时，扩大其知识面和感知力。

2.营造阅读氛围

在促进儿童早期教育方面，最有效的做法是创造良好的环境。——[美] 怀特（心理学家）

氛围是指全面的、系统性的气氛。氛围的营造不是团体中的一两个人能够完成的，它需要团体中的所有成员共同为之努力。就小环境来说，我们要营造良好的家庭阅读氛围、社区阅读氛围。就大环境来说，一个国家、一座城市要营造良好的社会阅读氛围。

家庭阅读氛围的营造需要家庭所有成员为家庭阅读气氛付出努力，这样才能让孩子完全沉浸在爱读书、爱学习的环境中，最终受其感染，养成爱读书、爱学习的好习惯。当一个家庭中弥漫着浓郁的书香，呈现出宁静的氛围，展示出向上的精神时，它将给予家庭成员最好的滋养。

当然，家庭阅读氛围营造的最关键因素是家长。要让孩子养成爱读书、爱学习的良好习惯，家长自己就要有爱读书、爱学习的习惯。家长要言传身教、以身作则，不能要求孩子认真读书，自己却在一边看电视，或者在一旁玩手机。因为父母是孩子最好的学习榜样。

美国著名的阅读研究专家吉姆·崔利斯的《朗读手册》里有一句话——

"你或许拥有无限的财富，一箱箱的珠宝与一柜柜的黄金，但你永远不会比我富有——我有一位读书给我听的妈妈。"

营造阅读氛围最好的办法就是父母利用空闲的时间，陪孩子阅读。在阅读启蒙期，家长可以拥抱着孩子，挑选孩子喜欢的内容，为孩子朗读，给孩子温馨愉悦的感觉，一起享受阅读的时光。也可以各自看各自的书，让孩子自由地去翻书、看书。如果孩子愿意，可以一起讨论书里面的内容，加强亲子交流，培养孩子的阅读兴趣。

在睡前给孩子讲故事也是增进感情、提升阅读兴趣的好方法。每天入睡前，让孩子自己选一本书，一起看一看、读一读，还可以提问、讨论，聊聊天，再安稳舒适地入睡，对孩子来说，是最美好不过的回忆了。

我们还可以走出家庭，带孩子参加各类读书活动，感受社区的良好阅读氛围，寻求阅读的外界支持与同道人的心灵共鸣——

※ **与朋友相约读书**

孩子天生有社交的需求，喜欢和同年龄段的小朋友待在一起。孩子与小伙伴可以相约一起读书。英国当代儿童文学大师艾登·钱伯斯在他的《打造儿童阅读环境》一书中写了这么一句话："一个初中生就曾这么告诉我'同龄伙伴推荐的书比老师推荐的书更有吸引力'。"同伴的影响力是巨大的，因为同龄人最懂得同龄人，当孩子有了一起看书的小伙伴，或者相约在家里的读书角，或者相约在书店，让孩子与朋友互相影响，一起感受阅读的乐趣。

※ 到书店去阅读

有的书店气质古朴，有的书店设计时尚，有的书店有舒适的儿童阅读区，还有的书店有定期的阅读分享活动。带孩子逛街，自然而然地去逛书店，就像去逛游乐场一样。孩子在那里会遇见更多的爱阅读的朋友，也会接触更多的图书资讯，渐渐地，把逛书店当作逛街的一部分。

※ 到图书馆去阅读

图书馆有着明亮的阅读空间，科学的图书分类，充足的儿童读物，丰富的儿童期刊，还有专业的阅读分享、图书导读活动。带孩子去图书馆阅读，让孩子沉浸在书的海洋，感受许多人在一起安静读书的愉悦，感受爱阅读的乐趣。

※ 参加社区阅读活动、换书活动、书漂流活动

在"全民阅读"的号召之下，许多社区、街道也会有供居民使用的阅读空间。举办阅读活动，有的是街道组织，有的是居民组织、社区支持，还有二手书交换活动、书漂流活动等，可以关注相关资讯，让孩子就近参与。社区的亲子共读活动，还可以让孩子和同住一个社区的小朋友交流，结下友谊。孩子在交流互动中，也可以培养对阅读的兴趣。社区读书活动往往还会有游戏环节、奖品发放等，不仅让孩子们增长了知识、培养了兴趣，也让孩子对社区更有感情。

※ 参加各种书展

每年有大型的全国书展、上海书展，以及其他小规模书展。在这

些书展上，有新书推介、作者见面会、阅读分享会、名家讲座、签售会……各种各样的阅读活动，让孩子去增长见识、培养对书的感情、获取最新的图书资讯、见识各种有趣的书，让孩子在热热闹闹的氛围中，淘到好书，感受到浓郁的阅读氛围。这些都会成为孩子童年的珍贵记忆。

※ 参加各种纪念日读书活动

每年的 4 月 23 日世界图书与版权日，图书馆、出版社以及其他社会机构都会举行丰富多样的阅读活动。还有其他特殊的日子：抗战胜利纪念日，举办的抗战历史读书的书展；作家诞辰或忌日，举行的专题阅读活动；某名作的出版 100 年纪念等；还可以引导孩子关注社会上的热点文化事件，让孩子感受社会阅读氛围，例如和孩子一起收看电视台播放的"诗词大会"等热门文化节目，让孩子在欣赏激烈的文化比赛中，学到知识，领略到阅读的魅力。

※ 给孩子一次关于阅读的仪式

中国自古就重视儿童的启蒙教育，儿童在开始读书时会举行隆重的"开蒙"仪式。通过正衣冠、拜师礼、朱砂启智、开笔礼、朗诵《弟子规》等步骤，来增强学习的庄重感，提高孩子对学习重要性的认识。今天，我们如果有条件的话，可以考虑举行一次关于阅读的仪式，增进孩子对阅读的感情，增强孩子学习的兴趣。

在儿童阅读的启蒙期，重在引起孩子的兴趣、激发孩子阅读的愿望，把阅读当作一件快乐的事。当我们的家中有了良好的阅读环境，有热爱阅读的氛围，孩子学会阅读、爱上阅读就成为了自然而然的事。

3. 培养阅读习惯

积三十年的经验，使我确信学生的智力取决于良好的阅读习惯。

——[苏联] 苏霍姆林斯基（教育学家）

良好的习惯是孩子成长的最坚实的基础。叶圣陶先生说："习惯养成越多，那个人的能力越强。我们做人做事，需要种种的能力，所以最要紧的是养成种种的习惯。"因此，我们一定要在孩子还小的时候，帮助他养成良好的阅读习惯。

在孩子阅读的初期，我们要努力帮助孩子爱上阅读，养成良好的阅读习惯。最为重要的是我们不能对孩子的阅读有太多的功利性。我们要做的就是让孩子开始阅读、享受阅读，让他体会到阅读首先是一件让人无比愉悦的事情。一位阅读推广人曾经说过——

我们必须用语言和行动来表明我们的态度——阅读本身就意义非凡。不是因为它有助于我们提高学习成绩或是获得自我提升，也不是因为它有助于我们更好地表达或是在高考中取得好成绩，又或者是更好地理解发生在我们身边的事情。最重要的是要告诉孩子，阅读是一件令人愉快又很有意义的事，他可以纯粹为了快乐而阅读。

所以，在孩子刚开始阅读时，我们不能过于严苛，不能规定孩子一定要学会几个拼音、认识几个字、会背几首诗，这些都是最不重要的事。我们要让孩子知道书本里有可爱的卡通人物，他们勇敢、聪明、善良，我们可以和他们交朋友，一起去探索美丽的世界。要有一个轻松的环境，让孩子放松地去阅读，让孩子知道阅读是一件让人快乐的事，由此逐渐养成阅读的兴趣。兴趣是最好的老师。

在孩子阅读的初期，我们要将阅读看作玩耍和游戏。著名教育学者尹建莉甚至说过——

撕书也是一种阅读……要允许孩子撕书，对于婴儿来说，用嘴啃用手撕都是"阅读"。

我们不能一开始就过多地干涉孩子的阅读行为，要允许孩子乱翻书。但可以在给孩子讲绘本时，家长一页一页地慢慢翻看，依次阅读，认真阅读，给孩子做好示范，使之逐步养成良好的阅读习惯。

既然是习惯，就不能三天打鱼两天晒网，我们最好是固定好每天阅读的时间。在这个时间内，家庭成员一起进入阅读状态。这样的话，时间一长，形成习惯，到了时间，孩子就会自觉地去看书了。让孩子从小养成固定的阅读时间非常重要，哪怕这个时间不是太长，也能帮助那些不喜欢看书、对电子产品有依赖性的孩子对阅读产生兴趣。

若孩子能在幼儿时期养成良好的阅读习惯，那么这将是我们留给孩子最最宝贵的财富。孩子终其一生也能因之受益无穷，因为阅读是最重要的自我成长的途径，阅读是最重要的自我教育的技能，阅读是最宁静的生活的港湾，阅读是最宽广的向上攀登的阶梯。

附录一

本项关于阅读环境的自我评价表，涵盖阅读的物质构建与情境氛围两方面的内容，如下表所示。

阅读环境自评表

阅读环境评价项目	完全符合	比较符合	一般	不太符合	完全不符合	不适用
家中有固定的学习和阅读区域	5	4	3	2	1	0
学习和阅读区域能够独立于其他生活功能区域	5	4	3	2	1	0
学习和阅读区域与其他生活功能区域之间有明显的物理区隔，如墙壁、书架或其他材料	5	4	3	2	1	0
家庭用于学习和阅读的面积人均在一平方米以上	5	4	3	2	1	0

续表

阅读环境评价项目	完全符合	比较符合	一般	不太符合	完全不符合	不适用
阅读空间的布置简单、朴素，没有易发出声响的设备，没有灯带或其他五颜六色的装饰品	5	4	3	2	1	0
阅读空间中只有图书报刊，没有摆放电视机、游戏机或玩具等	5	4	3	2	1	0
孩子在学习和阅读时能够不受家庭其他成员的影响和干扰	5	4	3	2	1	0
孩子在学习和阅读时家庭内部能够保持相对安静	5	4	3	2	1	0
孩子在学习和阅读时家庭外部如果有噪声能够迅速屏蔽	5	4	3	2	1	0
孩子有相对固定的阅读时间	5	4	3	2	1	0
除完成学习作业外，孩子每天阅读的时间在 30 分钟以上	5	4	3	2	1	0
图书的堆放没有易倾倒、可能会将人绊倒等可能会造成人身损害的情况	5	4	3	2	1	0
现阶段阅读的图书、经常阅读的图书、孩子喜爱的图书摆放在容易拿到的位置	5	4	3	2	1	0
家庭的多个位置摆放了图书，营造了宽松的阅读氛围	5	4	3	2	1	0
学习和阅读时有明亮且柔和的灯光或阳光	5	4	3	2	1	0
家庭每年的人均纸质图书的阅读量在 5 本以上	5	4	3	2	1	0

续表

阅读环境评价项目	完全符合	比较符合	一般	不太符合	完全不符合	不适用
家庭每年的人均电子图书的阅读量在 3 本以上	5	4	3	2	1	0
孩子在公共图书馆办了借书卡	5	4	3	2	1	0
孩子有时会去公共图书馆阅读或学习	5	4	3	2	1	0
孩子有时会去公共图书馆借书	5	4	3	2	1	0
孩子有时会去书店选书、购书	5	4	3	2	1	0
孩子与其他家庭成员之间有时会交流阅读心得	5	4	3	2	1	0
孩子能够给他人讲故事或读书	5	4	3	2	1	0
孩子有时会与同学等家庭外部成员交流阅读心得	5	4	3	2	1	0
孩子有时会与同学等家庭外部成员交换或借阅图书	5	4	3	2	1	0
家长能够陪伴孩子阅读	5	4	3	2	1	0
家长能够根据孩子的成长阶段或阅读兴趣、阅读需要，补充或更换相适应的图书	5	4	3	2	1	0
在孩子需要时，家长能够为孩子朗读图书	5	4	3	2	1	0
在睡前或其他时间，家长能够为孩子讲故事	5	4	3	2	1	0
孩子能够有时间和有机会参加讲座、读书会等阅读活动	5	4	3	2	1	0
家长能够指导孩子选书、读书	5	4	3	2	1	0

阅读环境评价项目	完全符合	比较符合	一般	不太符合	完全不符合	不适用
孩子在阅读遇到困难时可以查字典、向他人寻求帮助，以解决问题	5	4	3	2	1	0
家庭藏书品类丰富，有文学经典、科普读物等	5	4	3	2	1	0
家长能够引导孩子阅读、背诵古诗词等	5	4	3	2	1	0
家长能够鼓励孩子阅读科普读物、人物传记、文学经典等图书	5	4	3	2	1	0

如果您的得分在120分以上：具有良好的阅读环境，有着充足的阅读物质配备。同时，也能为孩子构建良好的阅读氛围，有助于孩子养成阅读的习惯。

如果您的得分在90分以上：具有基本的阅读环境，为阅读做了一定的物质准备。在阅读设施的安排上，还有需要提升和调整的地方。在阅读氛围的构建上，还需要得到指导和帮助。

如果您的得分在90分以下：在阅读环境的构建上可以参考书中的介绍加以调整，配备相应的设施；积极参与阅读活动，多陪孩子阅读，着力营造阅读的氛围。

三、阅读成长期，图书陪伴成长

养成阅读的习惯等于为自己筑起一个避难所，几乎可以避免生命中所有的灾难。——［英国］毛姆

6—12岁是孩子的黄金成长期。在这一阶段，我们要进一步巩固孩子的阅读习惯，使之内化为孩子的成长基因。在日常生活中，反复训练的行为就会在我们的行为方式中沉淀下来，形成习惯。习惯反过来会对我们的生活造成影响。英国哲学家培根在《习惯论》中说："思想决定行为，行为决定习惯，习惯决定性格，性格决定命运。"日复一日的行为，渐渐形成习惯，良好的习惯会让我们在生活中获益匪浅。如果在孩子的成长期，能养成良好的阅读习惯，那对孩子提升语文素养、培养终身"学习力"功莫大焉。

有这样一个故事：近代著名历史学家顾颉刚先生，出身苏州的书香世家。康熙皇帝下江南时，还曾赏赐顾家一块牌匾——江南第一读书人家。顾颉刚是祖母带大的。祖母对他寄予厚望，相当严格。在他还不会走路时，就教会了他认字。女仆抱着他上街，就让他指认着牌匾上的字，一个一个认过去。年纪稍长，学习了更多知识，养成了每天读书的习惯。他和叶圣陶等好友，每每逛街，都是去逛旧书铺，搜罗到了好书便互相交流，就这样打下了一生学问的根基。他念私塾时，有一天下着瓢泼大雨，而从家到学校要走半里路，对小孩子来说实在望而生畏。他就不想去上学，跟祖母说："今天雨太大了！"祖母斩钉截铁地说："就是落铁，也得去！"从那以后，"落铁也得去读书"的信念深植顾颉刚的心中。

从这个事例中，我们可以看出，顾颉刚从小养成的读书习惯成就了他的学问事业，他说："我所以爱好学问，只因学问中有真实的美感，可以生出我的丰富的兴味之故。"是阅读让他深潜学问，是阅读的习惯让他具有了深厚的学养，感受到学问的乐趣，成为一代大家。英国哲学家培根也说："习惯是一种顽强而巨大的力量，它可以主宰人生。"阅读就是我们需要着力培养、会影响我们一生的好习惯。

1. 坚持一万小时

叶圣陶说过，教育就是培养习惯。在孩子的小学阶段，兴趣的培养和习惯的养成是教育的重要方面。只有坚持，才能让孩子习惯成自然。孩子在坚持中会积累知识，获得成长，进而在某一方面成为学有专长的人。作家马尔科姆·格拉德威尔在《异类》一书中提出了一万小时定律："人们眼中的天才之所以卓越非凡，并非天资超人一等，而是付出了持续不断的努力。一万小时的锤炼是任何人从平凡变成世界级大师的必要条件。"他认为，要成为某个领域的专家，需要一万小时的学习和训练。坚持的重要性由此可见。

阅读同样需要坚持。现代著名文学家鲁迅先生，从小喜爱读书。他的一位远房叔祖家中书特别多，小鲁迅常常去他家看书。这位叔祖跟他说曾经有一部绘图的《山海经》，他就记挂在心里。保姆长妈妈看出他的心思，为他买回了这部书。他不仅把这本书看得仔细，还广泛阅读中国古代的各种杂书。直到他后来去南京念书，在矿务铁路学堂时，鲁迅虽然是全班年龄最小的，成绩却最好，获得了学校颁发的金质奖章。那时，鲁迅家境已经败落，他一收到发下来的奖章，就把奖章变卖了，用来买书。不仅如此，他还买了一串红辣椒。晚上读书寒冷，又犯困，他就取一个辣椒嚼一嚼，既驱寒又提神，坚持读书。后来他去日本留学期间，虽然日子过得捉襟见肘，还经常去逛旧书铺。当时西方的著作在日本翻译出版得很多，他在此期间阅读了大量西方著作，这些著作打开了世界文明的大门，让他成为了一个更深刻的思想者。鲁迅回国后，在教育部工作之余、在执教大学之时、在失业困顿之时，都一直坚持购书、读书。别人说他有读书写作的天分，他说："哪里有天才，我是把别人喝咖啡的工夫都用在工作上的。"

坚持不是一件容易的事情，但有了美妙的书籍相伴，坚持就会变得美好而充实。英国哲学家培根说："阅读使人充实，会谈使人敏捷，写作与笔记使人精确。"书籍是作者智慧的结晶，里面饱含了作者的喜怒哀乐与人生哲思。阅读图书就是与作者隔着文字交谈，阅读一本好书就好像面对一位有趣的朋友。明朝政治家、军事家于谦在他的《观书》诗中说："书卷多情似故人，晨昏忧乐每相亲。眼前直下三千字，胸次全无一点尘。"书籍就像是我们多年的老朋友。无论清晨还是傍晚，无论是忧愁还是快乐，我们总是想与他亲近。眼前浏览过无数的文字后，胸中再无半点尘世间世俗的杂念。诗人将读到好书时的物我两忘的境界描写得淋漓尽致。

宋代诗人苏舜钦《汉书》佐酒的故事广为人知，他到岳丈家去，每天都要读书，读书时要饮酒一斗。岳丈觉得难以置信，让晚辈悄悄去看看到底怎么回事。只见苏舜钦手持《汉书》大声诵读，读到精彩处，辄饮一大杯。苏舜钦好读书、喜饮酒的形象由此栩栩如生。过量饮酒固然不妥，但阅读好书是怎么样都不嫌多的啊。对所有的渴求知识、爱好读书的人来说，这样的美好状态，我们怎能不长久地延续下去呢！

虽然有时我们并不理解所阅读的内容，但是坚持读下去，读多了积累也就增加了，眼界和理解力也就在不知不觉中开阔和提高了。知识之间形成链接，相互联系，成为知识树，以前不理解的内容也许就豁然贯通了，能够一目了然了。著名作家巴金在谈到阅读和创作的关系时表示，现在有两百多篇文章储存在我的脑子里面了。虽然我对其中的任何一篇都没有很好地研究过，但是这么多具体的东西至少可以使我明白所谓"文章"是怎么回事。古人也说"书读百遍，其义自见"。所以我们要坚持阅读，其他的交给时间。

2. 阅读广度的拓展

我们不能只读我们喜爱的书，正如我们不能只吃自己喜爱的食物。偏食会造成营养失衡，影响身体成长和智力发育；只读某一类书，会让我们见闻狭隘，进而偏听偏信、坐井观天。

18世纪，欧洲的启蒙运动如火如荼，欧洲人视野打开了，他们用理性之光驱散愚昧的黑暗，在自然科学、哲学、教育学、医学等领域取得了巨大进步。与此同时，古老中国的举子们正为了金榜题名而皓首穷经、翻烂了四书五经。在我们精神内守、视野变窄时，我们的文化活力减弱了，影响了近代文明的发展。鲁迅先生曾说："生在现今的时代，捧着古书是完全没有用处的。"先生之言有时代性，是他在那个祖国备受列强欺凌的时代的痛心之语，但这句话也让我们知道，我们不仅要对传统的文明继承精华、摒弃糟粕，也要放宽视野，与世界文明接轨，拓宽眼界，科技的进步一日千里，社会的变迁沧海桑田，青少年只有拓展阅读广度，才能更好地跟上时代的发展、更好地认识我们这个世界。

与鲁迅先生同时代的著名学者胡适先生在谈及读书方法时也曾说："为学要如金字塔，要能广大要能高。"其中"广大"指的就是读书要广博，有了广博的读书底子、博大的同情心，才有宽大的地基，才能承载你学问事业的宝塔；而"塔"的高度指的则是读书的深度、精专程度。胡适先生认为，同时具备"广大"与"高"的人，是对社会极有用的人才，对自己也能充分享受人生的趣味。

近年来，高考语文试卷的命题发生了很大变化，阅读材料的来源丰富多样，文学、哲学、历史、科技众多类型全都有，没有明确的话题界限和限制。教育部统编本中小学语文教科书总主编温儒敏教授说："高考语文阅读题的选文范围，将会远远超出高中教材和一般高中生的认知范围。难度、深度、广度，全面向学术级和经典级看齐！只看《读者》和四大名著，别说高考语文，中考语文都将应付不来！"他主张学生拓宽阅读广度，加快阅读速度。他在一篇文章中写道："让中小学生多读名著，非常重要，不只是学语文的需要，也是为学生的一生'打底子'的需要。……如果一个学生阅读面广、视野开阔，语文素养一般也会比较高，考试也不会差到哪里。"考试是学习的调节器、指挥棒，试卷上的变化正反映了我们教育理念的变化。因此，拓宽阅读广度既是我们自身内在需求，也是现实教育的需要。

拓展阅读广度，不仅在年少时要践行，哪怕您已成为学有专长的专家了，也一样需要拓展。因为科学发展到一定的阶段，某些问题的解决方案、解决思路极有可能会借用到其他领域的方案和思路。近年来被广泛提及的跨学科研究就反映了这一点。例如在美国密歇根州立大学，如化学基因组学中心把物理学、化学、工程学、计算机科学以及深海潜水和药物研究聚合在一起。这个新的"化学基因组学中心"正在利用人工智能实验设备和计算机，筛选数以万计的化合物，寻找未来的可能药物。跨学科研究需要以多样性为前提，而知识的多样性仅仅是一个开端。在我国近年来的中高考出题中，也渐渐融合了跨学科学习的理念，题目中融合多个学科的知识点，考察孩子的融会贯通能力，考察孩子的知识面，这样的题目已经不止一次出现，体现了未来教育发展的导向。美国人工智能专家戴维·雅让斯基（David Yarowsky）教授认为，"阅读量大是有好处的，除了拓宽知识面，更重要的是能够让自己的想法保持客观中立——如果你只了解一个作者的观点，就有可能被他牵着鼻子走"。拓展阅读广度，不仅可以拓展自己的知识面，而且可以让自己从不同的角度看待世事。这也是我们要跳出"井外"看世界的意义之一。

3. 阅读深度的提升

信息时代的数字技术使得信息的流通变得便利和快捷，人们获得信息的渠道大大拓宽、信息量大大增加了。但是由此也带来了一些不利的后果，其中一点就是：我们的阅读由此变得碎片化、浅层化，我们的阅读注意力普遍下降了。一个极端的例子就是，研究表明，短视频平台上发布的短视频只有三秒的机会吸引浏览者、留住浏览者，这三秒也被称为黄金三秒。

《浅薄》一书的作者尼古拉斯·卡尔认为："随着我们更频繁、更广泛地使用互联网，我们已经开始失去其他的思维方式，特别是那些需要持续的注意力、需要集中精神的思维方式，以及那些需要沉思、反思和内省的思维方式。和历史上的其他信息媒体一样，互联网正在把它自己的'智能伦理'强加到我们的大脑上。它正在改变我们思维的平衡。"这破坏了我们的阅读专注力，改变了我们思维方式。

信息时代的数字技术带来的另一问题就是"信息茧房"现象的加重。人们在阅读或浏览信息时，会习惯性地被自己的兴趣所引导，倾向于接触符合自己兴趣、观点和价值观的信息，忽视或排斥不同或相反的信息，同时某些平台的算法又会着力推送浏览者感兴趣的信息，因此阅读者会被一些特定的信息所包裹，就像蚕被蚕茧包裹一般，这就是所谓的"信息茧房"现象。"信息茧房"现象会让人们的知识视野变窄，认知和价值观固化，失去批判性思维和多元化思考的能力。

克服上述两大问题的重要方法就是深度阅读。深度阅读是相对于浅阅读而言的。浅阅读是一种浅层次的、扁平的或线型阅读，它往往是一种被动且简单的知识获取，或以简单轻松甚至娱乐性为目的的阅读形式。这种阅读方式常常是走马观花，浅尝辄止。深度阅读则不然，它往往需要对阅读对象进行深度思考，利用联想、对比等方法，对其中的知识或信息进行深度分析，让吸收到的知识真正成为自己知识体系的一部分。我们要在阅读中思考，在思考中成长。法国启蒙思想家、作家伏尔泰说过的一句话，将深度阅读对人这种塑造作用阐释得非常形象："书读得越多而不加思考，你就会觉得你知道得很多；但当你读书而思考越多的时候，你就会清楚地看到你知道得很少。"

青少年阅读经常有的问题是阅读面狭窄，读名著就读课本中所选的名著片段，阅读不够全面、深入。有鉴于此，语文新课标提出："培养学生广泛的阅读兴趣，扩大阅读面，增加阅读量，提高阅读品位。提倡少做题，多读书，好读书，读好书，读整本的书。鼓励学生自主选择阅读材料。"近几年，有关整本书阅读的话题一直热度不减。其实，这不是一个新概念。叶圣陶先生早在1941年就在《论中学国文课程的改订》一文中第一次明确提出要读整本书，因为那时的学生"并不读整本的书，除了作为国文教材的单篇短章，以及各科的教本以外，很少和书本接触"。80多年过去，这个问题依然存在。对于全社会来说，要解决这一问题任重道远；对于我们个体来说，深度阅读，尤须重视。

附录一

儿童阅读习惯测评

对象	要求	完全符合	比较符合	一般	不太符合	完全不符合	不适用
小学低年段	在教师及家长的指导下，具有一定的读书的兴趣，喜爱图书、爱护图书	5	4	3	2	1	0
	在规定的时间内专心读书，每天阅读30分钟	5	4	3	2	1	0

续表

对象	要求	完全符合	比较符合	一般	不太符合	完全不符合	不适用
小学低年段	基本掌握看图说话的方法，能准确、清楚、连贯地说出图画的大致内容，	5	4	3	2	1	0
	说出想象中的人物及故事情节，乐于与他人讨论、交流	5	4	3	2	1	0
	阅读浅显的童话、寓言、英雄人物故事等，诵读儿歌、童谣和浅显的古诗，	5	4	3	2	1	0
	对阅读的作品中感兴趣的人物和事件有自己的感受和想法	5	4	3	2	1	0
	学习并积累自己喜欢的成语和格言警句，能背诵优秀诗文	5	4	3	2	1	0
小学中年段	具有一定的课外阅读的意识，爱读书、想读书，能在教师及家长的指导下安排读书时间，每天阅读 45 分钟	5	4	3	2	1	0
	收藏自己喜爱的图书，能参与读书活动，与他人交流读书心得	5	4	3	2	1	0
	养成良好的阅读习惯，遇到喜欢的内容，能归纳、摘抄好词句	5	4	3	2	1	0
	能使用字典等工具书，理解词句的意思，初步把握文章的主要内容，能对不理解的地方提出疑问	5	4	3	2	1	0
	了解赏析方法，在教师及家长的帮助下，能对人物和优美的语言作出评价	5	4	3	2	1	0
	阅读并背诵经典古诗词，有目的地收集学习资料，使用网络查询相关知识	5	4	3	2	1	0

续表

对象	要求	完全符合	比较符合	一般	不太符合	完全不符合	不适用
小学高年段	具有浓厚的阅读兴趣，能够主动阅读，制订阅读计划，每天阅读时间不少于60分钟	5	4	3	2	1	0
	根据阅读兴趣，自己挑选图书，并与他人交流阅读心得与图书资料，在交流中敢于提出自己的看法，作出自己的判断						
	学会精读，并做好摘录，记录读书心得，学写评价型的读书笔记	5	4	3	2	1	0
	学会运用语文知识、技能和工具书，在教师及家长的指导下，理解文章表达的思想，体验优美字句的表达效果，有较丰富的积累，形成良好的语感	5	4	3	2	1	0
	自主选择资料，进行探究性学习；利用图书馆、网络等，查找图书、收集资料，并参与专题讨论	5	4	3	2	1	0
	能鉴赏文学作品，感受文学形象，体验人物丰富的精神世界，提升个人的文学修养	5	4	3	2	1	0
	提高阅读速度，提高阅读效率，学习速读技巧，加强对文学作品的快速理解能力	5	4	3	2	1	0
	阅读中能够根据不同的阅读目标使用不同的阅读方式，能够积极地开展推断、假定、联想等思维活动	5	4	3	2	1	0

如果您的得分在该阶段的 80% 以上：孩子具有良好的阅读素养，具备良好的阅读习惯。

如果您的得分在该阶段的 60% 以上：孩子有一定的阅读素养，具备阅读的习惯。 孩子在阅读内容、阅读选择、阅读策略上得到进一步的练习、得到指导和帮助。

如果您的得分在该阶段的 60% 以下：孩子需要培养阅读的习惯，重视阅读氛围的营建，延长阅读时间。需要在阅读选择、阅读内容、阅读策略上得到专业的指导和帮助。

四、阅读要有选择：从经典读起

　　教育者的责任就是想办法让孩子们读一点经典，可以用孩子们能够理解的方式去读，获取对于人类精神文明的尊严，学会向善和担当，不要过早陷于时尚的、物欲的泥淖。

　　　　　　　　　——教育部统编本中小学语文教材总主编温儒敏

　　"尽信书，不如无书"，两千多年前，先哲孟子就指出读书不要拘泥于书本，不要迷信书本。不是每一本书都是经典，也不是经典之书的每一个论断都正确，对于成人来说，对书本仍需辩证的态度，那对于儿童来说，选择什么样的书籍来阅读，就更为重要。

　　○读书要有选择

　　"书籍犹如朋友，必须慎重选择。" 孩子们的心灵如同一张白纸，他们阅读的每一本书都会在这张纸上留下深刻的印记。优秀的图书能够启迪智慧、陶冶性情，而糟粕之作则可能误导孩子，甚至对他们的成长造成不良影响。读什么，不仅关乎知识的摄取，更影响着孩子们的心灵成长和价值观的塑造。我们不难理解，为何图书的选择如此关键。

○读书要有格调

清代画家郑板桥在家书中如此训导弟弟："若一部《史记》，篇篇都读，字字都记，岂非没分晓的钝汉！更有小说家言，各种传奇恶曲，及打油诗词，亦复寓目不忘，如破烂厨柜，臭油坏酱悉贮其中，其醒齁亦耐不得。"即便是伟大如《史记》，也需要有选择，有辨别，而如果读那些恶俗的词曲，不仅虚掷光阴，更坏了个人的品性和趣味。"读书的格调"历来为读书人所重视，而一个人对于文字的审美，是从少儿时期的持续阅读中去一步步奠定的，所以孩子所读之书要慎重选择。

○读书要读经典

温儒敏教授说："教育者的责任就是想办法让孩子们读一点经典。"这意味着，我们不仅要引导孩子们阅读，更要引导他们选择那些能够传递正能量、富有教育意义的经典之作。通过阅读这些图书，孩子们能够"获取对于人类精神文明的尊严，学会向善和担当"。

在这一方面，许多名人的成长故事为我们提供了生动的例证。比如，美国第16任总统林肯小时候家境贫寒，但他热爱阅读，尤其是诗歌和传记。这些图书不仅丰富了他的知识，更在无形中塑造了他坚韧不拔、勇于担当的性格。又如，中国著名作家冰心，她从小酷爱读书，各类文学名著对她的文学创作产生了深远影响，也培养了她的同情心和正义感。

然而，在当今这个信息爆炸的社会中，孩子们面临着前所未有的诱惑。时尚、流行的文化产品层出不穷，再经过各种媒体的放大宣传，可能成为孩子们或者成人津津乐道的话题，而真正的经典却可能被忽视。这就需要我们成年人，尤其是教育者，肩负起责任，引导孩子们在纷繁复杂的图书市场中作出明智的选择。

1. 为什么读经典

人的影响短暂而微弱，书的影响则广泛而深远。

——［俄］普希金

如前文所述，我们要从经典中汲取精神的养料，培养儿童的阅读趣味。那么何为经典？面对经典我们又该如何选择呢？

经典，指具有典范性、权威性的，经久不衰的万世之作。

从中国古文字学来说"经典"。

"经"，本义指纺织品上纵向的线，织布时纬线来回穿梭，经线常而不变，所以"经"又指常道，常行不变的义理、法度，进一步指可以奉为典常、规范的书。最初儒家常用的六部经典《诗》《书》《礼》《乐》《易》《春秋》就被称为"六经"。

"典"，其甲骨文字形像双手捧着竹简的样子，本义是指有典范价值的重要文献册籍。字典、词典，乃至《永乐大典》，都是具有典范价值的重要文献。

經典

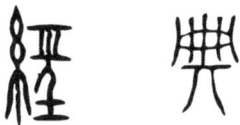

这两个字组合在一起，成为"经典"，指的是经过时间的沉淀和历史的洗礼、蕴含了世代相传的智慧和价值观念的作品。

阅读经典作品的意义在于——

○提高语言能力

经典著作的语言往往经过精心锤炼，具有很高的文学价值。孩子们在阅读过程中，可以学习到丰富的词汇和优美的表达方式，从而提高他们的语言能力。

○提升文化素养

经典著作是人类文化的瑰宝，它们记录了人类的历史、情感和智慧。阅读经典，可以让孩子们更好地了解人类文化的传承和发展，提升他们的文化素养。

○拓宽人文视野

经典著作往往具有跨越时空的价值，它们不仅反映了作者所在时代的社会风貌，也揭示了人性的共性和差异。通过阅读这些作品，孩子们可以拓宽自己的视野，更好地理解不同的文化和价值观。

○培养道德品质

经典著作往往蕴含着深厚的道德和哲理，通过阅读这些作品，孩子们可以在潜移默化中学会向善和担当，培养出良好的道德品质。正如温儒敏所说，孩子们通过阅读经典，可以"获取对于人类精神文明的尊严"。

○培养文学趣味

经典之所以为经典，是因为它们在表达上有着极高的艺术水准和审美价值。阅读这些作品，读者能够接触到丰富多样的语言表达方式，从而逐渐培养文字审美力，形成自己的文学审美趣味。这种能力让人更加敏锐地捕捉到文学作品中的美感，有助于学习如何运用优美的文字表达思想情感。

阅读经典著作，我们可以更深入地了解人类的历史和文化，更深地理解人的情感与生命的价值，从而拓宽自己的视野，增强文化素养，汲取智慧和力量，培养批判性思维和独立思考能力，从而更好地面对生活的挑战。

2.怎么选书

相对于其他作品，经典之作只是少数。但若以古今中外为范围，经典之作的数量也不少了。如何选择适当的经典给孩子阅读呢？古希腊哲学家苏格拉底认为，对于儿童的教育一定要采取家长主义，城邦（或现代社会中的教育机构）要对教育内容进行审查。苏格拉底特别强调，"为了培养美德，儿童们最初听到的应该是最优美高尚的故事"。换言之，有些故事并不适合儿童，只应该给他们讲述那些积极向上的内容。

我们可以从这些方面来筛选给儿童读的经典著作——

○儿童的识字水平

根据孩子的识字水平来选择，如果孩子尚未识字，那么选择图画多的绘本经典；如果孩子已经识字，那么低年级孩子有低年级可以读的经典，高年级孩子有高年级可以读的经典。所选图书的字词难度可以比孩子现有识字水平高一点，这样读起来孩子不至于畏难，又能学习到更多的新字词。

○内容健康向上

选择那些内容健康、积极的图书，避免选择含有暴力、色情等内容的图书。这符合苏格拉底的教育理念，即给孩子看"光明的东西"，以培养他们的美德。例如希腊神话，在今天看来诚然是经典，但在苏格拉底看来，诸神的故事中有暴力、仇杀、乱伦的故事，不适宜孩子阅读。

○语言优美易懂

挑选那些语言优美且易于理解的作品，这样孩子们在阅读过程中既能欣赏到文学的美，又不会因为语言障碍而失去阅读的兴趣。经典的语言往往优美而精练，阅读这些作品，我们可以提高语言表达能力和写作技巧，让自己的文句也变得更加有感染力。语言优美的作品，读起来有画面感、有节奏感，孩子还可以作为朗读材料，感受文字的音韵铿锵之美，从而提升语感。而生涩拗口的、情节过于复杂的作品，即便是经典，孩子读起来也会觉得乏味，容易放弃。

○适合孩子认知

不同年龄段的孩子有不同的认知水平和阅读兴趣，就像《简·爱》这样的经典，小学生读起来就不适宜，他们对爱情还不了解。而《红楼梦》虽然是经典，其中的男女情爱甚至露骨的描写，也不适宜儿童。对古典白话小说，如果需要了解，可以选择为儿童改良过的版本，但选择这样的版本时，也要注意是否有保留原文的精彩之处，如果是缩略成段落大意之类的文本，丧失了文字的美感，那么孩子读起来就可能缺乏兴趣了。

○具有教育意义

倾向于选择那些蕴含深刻道理和人生智慧的图书，让孩子们在阅读过程中得到成长和启示。法国作家雨果曾说，书籍是改造灵魂的工具。儿童的可塑性很强，孩子阅读的图书应该是为孩子打下精神的底色、激发他们对知识与智慧的渴望、丰富孩子的内心世界、激发向上心和向善心、引导孩子积极面对人生的。

综上，家长要为孩子阅读的内容把关，引导孩子们了解、阅读适宜的经典文学作品。同时，也要鼓励他们独立思考，培养批判性思维，让他们学会在阅读中分辨真伪、善恶和美丑。儿童阅读不仅是知识的积累过程，更是品格的塑造过程。因此，我们必须慎重对待图书的选择，确保孩子们在阅读中不仅获得知识，更得到精神的滋养和成长的力量。只有这样，我们才能培养出既有知识又有品格的新一代。

附录一

教育部小学生阅读指导目录

（2020 年版）

序号	推荐学段	分类	图书名称	作者
1	小学 1—2	人文社科	五星红旗	华琪，杨汝戬，马堪岱 主编
2	小学 1—2	人文社科	读图识中国	人民教育出版社地图编辑室 编
3	小学 1—2	人文社科	中华人物故事汇·中华先锋人物故事汇	徐鲁，葛竞，汤素兰，吴尔芬，吕丽娜，肖显志，余雷，张吉宙，王巨成等 著
4	小学 1—2	文学	萝卜回来了	方轶群 文／严个凡 画
5	小学 1—2	文学	没头脑和不高兴	任溶溶 著
6	小学 1—2	文学	儿歌 300 首	金波，郑春华等 著
7	小学 1—2	文学	小巴掌童话	张秋生 著
8	小学 1—2	文学	小马过河	彭文席 著
9	小学 1—2	文学	吃黑夜的大象	白冰 著／沈苑苑 绘
10	小学 1—2	文学	大头儿子和小头爸爸	郑春华 著
11	小学 1—2	文学	我有友情要出租	方素珍 著／郝洛玟 绘
12	小学 1—2	文学	一园青菜成了精	编自北方童谣／周翔 绘
13	小学 1—2	文学	团圆	余丽琼 文／朱成梁 图
14	小学 1—2	文学	格林童话	［德］格林兄弟 著／杨武能 译

续表

序号	推荐学段	分类	图书名称	作者
15	小学1—2	文学	弗朗兹的故事	［奥］克里斯蒂娜·涅斯特林格 著／湘雪 译
16	小学1—2	自然科学	小彗星旅行记	徐刚 著／绘
17	小学1—2	自然科学	嫦娥探月立体书	马莉等 文／王晓旭 图
18	小学1—2	自然科学	趣味数学百科图典	田翔仁 编著
19	小学1—2	自然科学	来喝水吧	［澳］葛瑞米·贝斯文／图
20	小学1—2	艺术	爸爸的画——沙坪小屋	丰子恺 绘／丰陈宝，丰一吟 著
21	小学1—2	艺术	京剧脸谱	傅学斌 著
22	小学3—4	人文社科	周恩来寄语：青少年版	周恩来思想生平研究会 编
23	小学3—4	人文社科	雷锋的故事	陈广生，崔家骏 著
24	小学3—4	人文社科	林汉达中国历史故事集	林汉达，雪岗 编著
25	小学3—4	人文社科	刘兴诗爷爷给孩子讲中国地理	刘兴诗 著
26	小学3—4	人文社科	居里夫人的故事	［英］埃列娜．杜尔利 著
27	小学3—4	人文社科	儿童哲学智慧书	［法］柏尼菲 著／［法］卢里耶等 绘
28	小学3—4	人文社科	哲学鸟飞罗系列	［法］拉贝 著／［法］加斯特 绘
29	小学3—4	文学	成语故事	—
30	小学3—4	文学	中国古今寓言	—

续表

序号	推荐学段	分类	图书名称	作者
31	小学 3—4	文学	中国神话故事集	袁珂 著
32	小学 3—4	文学	稻草人	叶圣陶 著
33	小学 3—4	文学	宝葫芦的秘密	张天翼 著
34	小学 3—4	文学	三毛流浪记	张乐平 著
35	小学 3—4	文学	"下次开船"港	严文井 著
36	小学 3—4	文学	孙悟空在我们村里	郭风 著
37	小学 3—4	文学	小英雄雨来	管桦 著
38	小学 3—4	文学	帽子的秘密	柯岩 文
39	小学 3—4	文学	小布头奇遇记	孙幼军 著
40	小学 3—4	文学	推开窗子看见你	金波 著
41	小学 3—4	文学	笨狼的故事	汤素兰 著
42	小学 3—4	文学	盘中餐	于虹呈 著
43	小学 3—4	文学	爱的教育	［意］阿米琪斯 著／王干卿 译
44	小学 3—4	文学	夏洛的网	［美］E.B. 怀特 著／任溶溶 译
45	小学 3—4	文学	窗边的小豆豆	［日］黑柳彻子 著／赵玉皎 译
46	小学 3—4	自然科学	少儿科普三字经	亚子 著／金平 绘
47	小学 3—4	自然科学	中国国家博物馆儿童历史百科绘本	中国国家博物馆 著
48	小学 3—4	自然科学	昆虫漫话	陶秉珍 著
49	小学 3—4	自然科学	中国儿童视听百科·飞向太空	《飞向太空》编委会编著

续表

序号	推荐学段	分类	图书名称	作者
50	小学 3—4	自然科学	异想天开的科学游戏	高云峰 著
51	小学 3—4	自然科学	万物简史：少儿彩绘版	［英］布莱森 著
52	小学 3—4	自然科学	蜡烛的故事	［英］法拉第 著
53	小学 3—4	艺术	地球的红飘带	魏巍 原著／王素 改编／沈尧伊 绘画
54	小学 3—4	艺术	人民音乐家：冼星海	郭冰茹 著
55	小学 3—4	艺术	父与子	［德］埃·奥·卜劳恩 著
56	小学 5—6	人文社科	毛泽东箴言	中国中共文献研究会 编订
57	小学 5—6	人文社科	习近平讲故事：少年版	人民日报评论部 著
58	小学 5—6	人文社科	马克思画传：马克思诞辰 200 周年纪念版	中共中央马克思恩格斯列宁斯大林著作编译局 编
59	小学 5—6	人文社科	中华人民共和国未成年人保护法	全国人大常委会办公厅 供稿
60	小学 5—6	人文社科	中华人物故事汇·中华先烈人物故事汇	张树军，张海鹏，军事科学院解放军党史军史研究中心编写组 主编／编著 等
61	小学 5—6	人文社科	我们走在大路上：1949—2019	大型文献专题片《我们走在大路上》创作组 著

续表

序号	推荐学段	分类	图书名称	作者
62	小学5—6	人文社科	"抵御外侮——中华英豪传奇"丛书	张海鹏 主编
63	小学5—6	人文社科	重读先烈诗章	中共中央宣传部宣传教育局 编
64	小学5—6	人文社科	梦圆大地：袁隆平传	姚昆仑 著
65	小学5—6	人文社科	思考世界的孩子	［法］阿内-索菲·希拉尔等 著／［法］帕斯卡尔·勒梅特尔 绘
66	小学5—6	人文社科	写给孩子的哲学启蒙书	［法］拉贝，［法］毕奇 著
67	小学5—6	文学	声律启蒙	（清）车万育 著
68	小学5—6	文学	千家诗	（宋）谢枋得，（明）王相 选编
69	小学5—6	文学	可爱的中国（单行本）	方志敏 著
70	小学5—6	文学	寄小读者	冰心 著
71	小学5—6	文学	大林和小林	张天翼 著
72	小学5—6	文学	呼兰河传	萧红 著
73	小学5—6	文学	狐狸打猎人	金近 著
74	小学5—6	文学	城南旧事	林海音 著
75	小学5—6	文学	小兵张嘎	徐光耀 著
76	小学5—6	文学	闪闪的红星	李心田 著
77	小学5—6	文学	我们的母亲叫中国	苏叔阳 著
78	小学5—6	文学	美丽的西沙群岛	刘先平 著

续表

序号	推荐学段	分类	图书名称	作者
79	小学 5—6	文学	非法智慧	张之路 著
80	小学 5—6	文学	一百个孩子的中国梦	董宏猷 著
81	小学 5—6	文学	童年河	赵丽宏 著
82	小学 5—6	文学	草房子	曹文轩 著
83	小学 5—6	文学	男生贾里全传	秦文君 著
84	小学 5—6	文学	今天我是升旗手	黄蓓佳 著
85	小学 5—6	文学	芝麻开门	祁智 著
86	小学 5—6	文学	你是我的妹	彭学军 著
87	小学 5—6	文学	黑焰	格日勒其木格·黑鹤 著
88	小学 5—6	文学	安徒生童话	［丹麦］安徒生 著 / 叶君健 译
89	小学 5—6	文学	汤姆·索亚历险记	［美］马克·吐温 著 / 张友松 译
90	小学 5—6	文学	假如给我三天光明	［美］海伦·凯勒 著 / 李汉昭 译
91	小学 5—6	文学	小王子	［法］圣·埃克苏佩里 著 / 柳鸣九 译
92	小学 5—6	文学	永远讲不完的故事	［德］米切尔·恩德 著 / 李士勋 译
93	小学 5—6	文学	哈利波特与魔法石	［英］J.K. 罗琳 著 / 苏农 译
94	小学 5—6	自然科学	国家版图知识读本	《国家版图知识读本》编撰委员会 编著

续表

序号	推荐学段	分类	图书名称	作者
95	小学 5—6	自然科学	大国重器：图说当代中国重大科技成果	贲德 主编
96	小学 5—6	自然科学	中国历史上的科学发明（插图本）	钱伟长 著
97	小学 5—6	自然科学	中国儿童地图百科全书·世界遗产	《世界遗产》编委会 编著
98	小学 5—6	自然科学	小学生食品安全知识读本	刘烈刚，杨雪锋 主编
99	小学 5—6	自然科学	海错图笔记	张辰亮 著
100	小学 5—6	自然科学	每月之星	陶宏 著
101	小学 5—6	自然科学	寂静的春天	［美］蕾切尔·卡森 著
102	小学 5—6	自然科学	空间简史	［意］托马斯·马卡卡罗，［意］克劳迪奥·M. 达达里 著
103	小学 5—6	自然科学	BBC 科普三部曲	［英］伊恩·斯图尔特，［英］约翰·林奇，［英］保尔·罗斯等 著
104	小学 5—6	自然科学	昆虫记	［法］让－亨利·法布尔 著
105	小学 5—6	艺术	启功给你讲书法	启功 著
106	小学 5—6	艺术	京剧常识手册	涂沛，苏移等 著

续表

序号	推荐学段	分类	图书名称	作者
107	小学 5—6	艺术	中国戏曲：连环画（推荐：窦娥冤，桃花扇，白蛇传，卖油郎，打面缸，梁山伯与祝英台，玉堂春，宇宙锋，钗头凤，牡丹亭，寇准背靴，望江亭，穆桂英，十五贯）	（明）汤显祖等 原著／良士等 改编／赵宏本等 绘画
108	小学 5—6	艺术	戏曲进校园	郑传寅，黄蓓 编著
109	小学 5—6	艺术	中国民歌欣赏	周青青 著
110	小学 5—6	艺术	建筑艺术的语言	刘先觉 著

五、阅读的方法：引导孩子深入阅读世界

常常有家长朋友有这样的疑惑：该如何引导孩子阅读？阅读有方法吗？怎么判断孩子的阅读是否有效？我们就来聊聊阅读的方法，在这里，我们将探讨"自由地读""广泛地读"和"辩证地读"三条准则，以及"四个结合"的方法，来认识如何引导孩子深入阅读世界。

1. 三条准则

○自由地读

读书是我理解这个世界的方式，是我获得自由的途径。

——［英］王尔德

阅读首先应该是自由的。孩子们需要在一个无拘无束的环境中探索文字的奥秘，这样他们才能从中发现乐趣，进而爱上阅读。想象一下，一个孩子在阳光明媚的午后，手捧一本书，在不受打扰的角落里沉浸于书中的世界，这是多么美好的画面。对"自由"这两个字，我们可以进一步阐述为：自由的时间，自由的空间，自由的方式。

自由的时间——也就是说孩子要有自由支配的时间，他的生活不是被安排得密不透风的，而是有留白、有空档的。当他在作业完成之余，在自己可以做主的时间，他自由地坐在沙发上、坐在电脑椅上、坐在阳光下、坐在草地上，放松地读一本他想读的书，心情放松，完全出于趣味地去享受文字。也许这本书的知识含量不是那么足，也许这本书没有通常所寄寓的培育儿童品质的价值，但有什么比自由和兴趣更容易引发心流体验呢？（心流体验是指个体在进行某种活动时，全神贯注、忘记时间、沉浸其中并获得满足感的一种状态。）自由阅读带来的心流体验，让孩子更加享受阅读的过程，增强孩子的阅读动力和兴趣，促使他们更加积极地投入到阅读中，有助于形成良好的阅读习惯，提高阅读效果。

那这一条，是否与前文所讲的"阅读经典"相悖呢？不，给孩子的自由是"有限的自由"，不是"无限的自由"。可以规定每天或者每周，或者孩子完成某些学习任务后在自由的时间里去自由阅读，但孩子在自由阅读时所选的书是我们提前准备和筛选过的，让孩子在可以选择的范围内去自由选择，而不是没有边界地随意选择；此外，同时也可以设置一些时段专门用来阅读指定的图书。

自由的空间——在专属于孩子的这片小天地，他可以放松身心，不必担心是否做错了什么，不会被家务的声音吵闹到，能够让孩子感到放松和安心。正如著名教育家第斯多惠所言："教育的艺术不在于传授本领，而在于激励、唤醒和鼓舞。"这样的环境有助于孩子集中注意力，更好地沉浸在书本的世界里，从而提高他们的阅读体验和理解能力。

当孩子有了自己的阅读空间，他们可以自由选择自己喜欢的书籍，按照自己的节奏进行阅读，而不受外界干扰。这不仅有助于培养他们的阅读兴趣和习惯，还能激发他们的想象力和创造力。自由的阅读环境让孩子感受到阅读是一种愉快和自我探索的过程，而不是一项任务。《哈利·波特》的作者J.K.罗琳在谈到她的写作灵感时，提到小时候在家里的阁楼里阅读的美好时光。那个安静的小角落成为她童年想象力的发源地，也为她日后的写作事业奠定了基础。由此可见，一个安静、自由的阅读空间能够对孩子的成长产生深远的影响。

自由的方式——在儿童的阅读过程中，在一定的时间内，允许孩子用自由的方式去阅读。每个孩子都是独特的个体，他们的兴趣、喜好和阅读节奏各不相同。自由的方式意味着孩子可以选择自己喜欢的书籍，可以选择阅读的策略：快读还是慢读，精读还是浏览。这种选择的自由让孩子在阅读中感受到更多的乐趣和成就感，从而更愿意主动去阅读。不同的内容和方式能带给孩子不同的感受和体验，只要他们感到舒适和愉快，就能更好地沉浸在阅读的世界中。这样的自由不仅能激发孩子的阅读兴趣，还能培养他们独立思考和自主学习的能力。

中国作家冯骥才在回忆自己童年时，常常提到在老家乡间的小树林里，他可以尽情地阅读各种图书。那片属于他的"书林"，成为了他探索知识世界的乐园，也为他日后的文学创作奠定了基础。此外，允许孩子根据自己的节奏来阅读，慢慢品味或快速浏览，都应得到尊重。

总之，家长在引导孩子阅读时，应当给予他们足够的自由，让他们在自己喜欢的时间、地点和方式下进行阅读。著名教育家约翰·杜威认为："教育最重要的任务之一就是尊重和激发每个孩子的独特性。"让孩子以自由的方式去探索，是为了让孩子拥有选择的权利，发挥主观能动性，确保读到他自己感兴趣的书，从而培养孩子对阅读的兴趣，增进对书本的感情。当然，在日常的对话中，我们需要引导孩子们去接触那些有益于他们成长的书籍，而不是沉溺于无营养的读物。

○广泛地读

读史使人明智，读诗使人灵秀，数学使人周密，科学使人深刻，论理学使人庄重，逻辑修辞之学使人善辩：凡有所学，皆成性格。——［英］培根

说到阅读，可能常常想起的是读故事，是读小说，孩子们也常常读的是文学作品。但阅读的内容应该是更广泛的，或者应该有意识地

拓展阅读的领域。广泛阅读能够让孩子接触到更多元化的知识和观点，有助于培养他们的综合素养。从科普读物到文学作品，从历史传记到哲学探讨，各种类型的图书都能为孩子打开一扇新的窗户，让他们看到不一样的世界。

英国哲学家培根在《论读书》中谈到："读史使人明智，读诗使人灵秀，数学使人周密，科学使人深刻，论理学使人庄重，逻辑修辞之学使人善辩：凡有所学，皆成性格。"揭示了不同类型的学问，对人的性格和思维方式的塑造作用，这也同样适用于儿童的阅读教育。

对于儿童来说，思维方式和性格正在形成期，多样化的阅读经验有助于他们全面发展。读历史书籍，可以让孩子了解过去，学会从前人的经验中汲取智慧，变得更加明智；读诗歌，可以培养孩子的语感和审美能力，让他们的心灵更加灵秀；学习数学，能够训练孩子的逻辑思维，使他们的思维更加周密；接触科学，可以激发孩子的好奇心和探索欲，培养深刻的思考能力；学习伦理学，可以引导孩子形成良好的道德观念，表现出庄重的气质；而逻辑和修辞的学习，则能让孩子更加善于表达和辩论……广泛阅读不仅丰富了孩子的知识储备，更重要的是，它有助于塑造孩子多元化的思维方式。每一种类型的图书都能从不同角度启迪孩子的智慧，培养他们的想象力和创造力。在这个过程中，孩子们会形成自己独特的见解和判断力，这对于他们未来的学习和生活都是极为有益的。

因此，我们应该鼓励孩子们广泛阅读，让他们在书海中畅游，汲取各种知识，培养他们的综合素质。只有这样，孩子们才能在多元化的社会中立足，成为具有全面素养的未来之星。

○辩证地读

读书要用批判的眼光，要取其精华，去其糟粕。——邓拓

如果对孩子的阅读提出进一步的要求，那么希望孩子在自由阅读、广泛阅读的同时，还能有所思考，培养孩子的批判性思维能力。

作家邓拓先生曾说："读书要用批判的眼光，要取其精华，去其糟粕。"阅读不仅仅是吸收书中的信息，更重要的是学会筛选、判断和思考，让孩子愿意动脑筋，养成思考的习惯。在这个过程中，家长的角色至关重要。

家长可以适当地引导孩子探究性阅读。在阅读过程中，孩子不是被动地接受书中的一切，而是要主动提问，深入探究。比如，在读故事书时，可以问孩子："你觉得这个故事的主角为什么要这么做？"或问："如果你是作者，你会怎么写这个故事？"这样的问题能够激发孩子的好奇心和求知欲，促使他们更深入地理解文本。

其次，要培养孩子的创造性阅读能力。创造性阅读不仅仅是理解文本的字面意思，更是要能够从中发现新的意义，甚至提出自己的见解。家长可以鼓励孩子在阅读后进行续写、改编或者创作与所读图书

相关的小故事，这样不仅能提升孩子的写作能力，还能加强他们对文本的理解和感悟。同时，《语文课程标准》也提倡多角度的、有创意的阅读。家长应该鼓励孩子从不同的角度审视文本，不拘泥于一种解读。比如，读完一个寓言故事后，可以让孩子从不同的角色出发，思考他们的行为动机和可能的结果。这样的练习有助于孩子形成全面的、多角度的思维方式。

在阅读过程中，家长还应该注重"阅读期待"和"阅读反思"的培养。阅读期待是指在开始阅读前，让孩子根据书名、封面等信息预测书中的内容，这有助于激发他们的阅读兴趣。而阅读反思则是在阅读完成后，回顾书中的内容，总结自己的感悟和收获。这两个环节都能有效地提高阅读质量。

最重要的是，家长要能够容纳孩子的不同观点。孩子的思维往往更为活跃和跳跃，他们可能会提出一些成人意想不到的见解。这时，家长不应该急于否定，而是要耐心倾听，鼓励他们表达自己的看法，并引导他们通过查找资料、讨论等方式验证自己的观点。

辩证地阅读，不仅要求孩子具备批判性思维，还要求家长有开放的心态，能耐心地引导。只有这样，孩子才能在阅读的世界里自由翱翔，探索和发现新的知识和视角，增进阅读的兴趣，学会辩证地看问题，不盲从书中的观点，而是要有自己的见解和分析。

2.四个"结合"

在实践上述三条阅读准则的过程中，我们还需要设计阅读策略，注意四个"结合"。

○自由与"限制"结合

孔子曾说："知之者不如好之者，好之者不如乐之者。"意思是，学习知识或本领，知道它的人不如爱好它的人接受得快，爱好它的人不如以此为乐的人接受得快，说明求知乐趣对学习效果的重要性。所以，我们给予孩子阅读的自由，让孩子享受阅读的乐趣，当孩子从中感受到快乐，也就容易养成阅读的习惯，但同时也要对阅读内容有所选择和限制。例如：对家庭藏书的品质和内容把关，避免孩子过早接触到暴力、色情等不良内容，避免孩子浪费时间在一些没有营养的书上面。还有一种隐性的浪费，那就是孩子阅读的书似乎是有益的，与学习相关的，但或许版本不佳，或许孩子已经重复阅读过同类型书太多，那么就要考虑藏书的优化配置。

还可以对孩子读书的时间有限制，例如对难以坚持阅读的孩子，设置每天固定的阅读时间，来培养阅读习惯；对孩子每天定时阅读的内容有所指定，以保证孩子能在记忆力与求知欲最旺盛的时期阅读更广泛更经典的作品。这需要我们作为家长或老师，对孩子的阅读内容进行适当的筛选和引导。

○精读与泛读结合

英国哲学家培根说："有只须读其部分者，有只须大体涉猎者，少数则须全读，读时须全神贯注、孜孜不倦。"这说明不同类型的图书需要不同的阅读方式。

对于那些经典，对于适合儿童年龄和认知层次的重要图书，我们应鼓励孩子精读，深入理解书中的内容，深度挖掘思想，如同品味美食一般细嚼慢咽；而对于其他图书，则可以进行泛读，快速浏览，抓住主要信息，以如同快速浏览风景一般，领略其主要风貌。或者如温儒敏先生所说的"除了精读，还有浏览、猜读、跳读、群读，等等，都是有用的"，引导孩子尝试用不同的方法去读不同的书。

○朗读与默读结合

恰如钱锺书先生所言："不声不响地读，往往难以深究文中的全部韵味。"孩子们在琅琅读书声中，更能深切地体会到文本的深意，从而铭记于心，同时也能够锻炼和塑造他们敏锐的语感。"最重要的是尽可能多地读，就像我一样。这样做，你会了解什么是优秀的写作，同时扩大自己的词汇量。"J.K. 罗琳也这么说，她还多次组织作品的朗读会，与孩子们一起体验朗读文字的美妙感受，体会语言的魅力。

默读，则是另一种境界。它能让孩子们在静谧的氛围中，迅速浏览文字，深入思考，自由地探索书中的每一个角落，与书中的人物、情节建立起一种无言的沟通和共鸣。在这样的阅读方式下，孩子们如同潜入了书籍的海洋，与书中的世界相融，体会那其中的悲欢离合。

"朗读便于记忆，默读便于思索。"对于那些篇幅短小、言辞精悍的佳作，孩子们可以高声朗读，乃至背诵，让它们如诗如歌的韵律和深意印刻于心。而对于那些情节跌宕起伏、人物关系错综复杂的长篇大作，默读则显得更为合适。它能让孩子们在安静的环境中，细细品味每一个细节，理清故事线索，完全沉浸在丰富多变的情节之中。

勤于朗读，也擅于默读，孩子们可以获得更为全面和深入的阅读体验。

○摘抄与创造结合

历史学家吴晗曾说："读书是学习，摘抄是整理，写作是创造。"不经过整理的学习，大脑里可能一片混沌，久而久之也就把知识忘到九霄云外。所以在读一些重要作品，读到有感触的佳句时要摘抄整理。带笔读书的庄重，与不带笔读书的自在，都是需要的。鼓励孩子在阅读过程中摘抄精彩的句子或段落，这不仅能加深记忆，还能培养他们的文字鉴赏能力。

同时，我们也可以引导孩子基于所读内容进行创作，如续写，写几句话或作文，这既能检验阅读的成果，又能锻炼写作能力。只是，要注意，不要强人所难，不要成为孩子阅读的负担，以免让孩子望而生畏，磨灭了孩子的阅读兴趣。

综上所述，阅读是一个综合性的学习过程，需要我们引导孩子掌握正确的方法和技巧。落实"自由地读""广泛地读"和"辩证地读"的阅读原则，以及四个"结合"的阅读策略，希望家长在陪伴孩子阅读的过程中更有效果，陪伴孩子养成良好的阅读习惯。

附录一

儿童阅读拓展活动案例（1）

在阅读中，还可以通过画地图、列表格、理脉络的方式，让孩子对所读的图书加以信息整理和提炼，培养孩子的信息捕捉能力、归纳概括能力；让孩子对图书的内容提出问题，深入思考，培养辩证思维。对有的图书，还可以开展跨学科学习活动，从多个维度去解读和实践，让孩子把书本的内容读得更宽、更深。下面列举两种可以在家里开展的童书阅读拓展活动。

○拿起画笔再创作——《星期天的巨人》

星期天的巨人是谁（见图1）？是从美国回来的怪叔叔乔纳森，爸爸说这个乔纳森叔叔从小就不安分。果然，他每个星期天来马克斯家做客时，总是不同寻常：有时带来78个小矮人玩偶，每个玩偶各不相同，各有功能；有时带来两口袋沙子，带着马克斯一家在家里复制了一片沙漠；有时他带来鸟鸣的磁带，在家里打造一个鸟窝……他的到来总是充满奇思妙想，给马克斯平淡的生活带来欢声笑语和无穷乐趣。读这本书的时候，就连大人也想拥有一位"乔纳森叔叔"，拥有一个不同寻常的星期天呢。

图1　《星期天的巨人》封面
作者：［奥］海因茨·雅尼施
绘者：［奥］苏珊娜·维西道恩
译者：孔杰
出版者：新蕾出版社

　　在阅读这本书的时候，可以展开多种阅读拓展活动。例如在阅读第一部分，乔纳森叔叔带来小矮人玩偶的部分，有这样一段话——

　　"你看，"乔纳森说着准确无误地抓起一个提着小黑书包的小矮人，"我们还有个医生小矮人，他知道你……"

　　…………

　　"其实我们还有个饮酒小矮人！"乔纳森冲着厨房喊道，"就是这个手里拿着酒杯的。"

　　…………

　　"还有什么样的小矮人？"妈妈友好地问。

　　…………

妈妈好像挺喜欢这些新住户的，至少看上去是。

…………

乔纳森搓了搓手，"嗯，我们还有欢迎小矮人，应该把他放在门口，因为他的眼神很亲切。还有倾听小矮人，他有两只漂亮的大耳朵，应该放在沙发上。还有监督小矮人，看他看得多仔细啊，我们把他放在门口……"

可以让孩子把上文中的医生小矮人、饮酒小矮人、欢迎小矮人……根据书中的描述和自己的想象，画在纸上。还可以让孩子发挥创意，想象还可以有什么小矮人：阅读小矮人、运动小矮人、快乐小矮人……让孩子画出来，向爸爸妈妈介绍这个小矮人为什么叫这个名字、有什么特点。这样，既让孩子学习了在书中获取关键信息，又让孩子发挥了想象力、创造力。

○画出图表理脉络——《典籍里的中国历史故事》（全六册）

《典籍里的中国历史故事》是为少年儿童编撰的一套传统文化普及读物（见图2）。丛书选材于《论语》《史记》《国语》等历史典籍，用通俗畅达的白话文进行二次创作而成，将复杂的历史故事以轻松易懂的方式呈现给孩子们，让孩子走近传统典籍、领略古代经典的魅力、了解历史故事、收获知识与智慧。

图 2　《典籍里的中国历史故事》封面
编著者：郑昶、严曼华、赵夏榕
出版者：天地出版社

在读这类历史图书时，孩子常常读的时候很有兴趣，但是读完以后过不了两天，对历史的脉络、对故事的来龙去脉就已经混混沌沌，记忆模糊。那么在阅读中，我们可以运用哪些方式来梳理阅读呢？

①填一张故事简介表

在阅读《典籍里的中国历史故事》的《春秋故事》一册时，可以为"勾践灭吴"这一历史事件制作一张简表。

事件名称		时间	
主要人物		地域	
起因			
经过			
结局			

②制作一张人物履历表

在阅读《典籍里的中国历史故事》的《论语故事》一册时，可以为孔子制作一张人物履历表。

姓名		字		籍贯		身份	
经历							
主张							
名言							
弟子							

③做一张历史发展脉络图

在阅读《典籍里的中国历史故事》的《战国故事》一册时，可以制作一张秦国统一六国的发展时序图。

序号	时间	事件名称	主要人物

经过这样的整理，孩子对所读的内容，就能更加明晰地记忆在头脑中了。当然我们还可以根据不同的书，制作更多不同的图表，来整理阅读的内容，让阅读活动变得更加有趣，也更加有效。

附录二

儿童阅读拓展活动案例（2）

哪个孩子不喜欢玩游戏呢？在游戏中孩子可以放松身心，获得快乐；可以与人交流，增进感情；可以发现自己的兴趣与特长，提升信心；可以锻炼身体，发展肢体的协调能力；可以感知世界，学习规则；可以培养创造力，激发想象力……如果孩子在学龄前的阶段，最不应该耽误的就是游戏了。正如德国教育家福禄培尔所说："游戏是儿童的第二生命，它是儿童的本能，是儿童的需要，是儿童的权利。"

既然如此，对于阅读启蒙期的儿童，把阅读与游戏结合起来，开展家庭阅读游戏活动，是增进阅读的趣味、扩展阅读之效用的好方法。下面列举几种可以在家里开展的童书阅读拓展活动。

○角色扮演——绘本童书《蹦！》

《蹦！》这本小小的绘本（见图3），适合刚刚接触"书"的幼儿，不必识字，也能感受读书的乐趣。全书围绕一个"蹦"字，呈现猫咪、小狗、螳螂等小动物的"蹦"——它们重复着蹲下、蹦起的动作，这些动作看似简单，但仔细看绘图的细节，可以发现每个动物都很有特点：青蛙的蹦，展示了青蛙修长的蛙腿、鼓鼓的眼睛；猫咪的蹦，让我们看到了画得有趣的肚脐眼；小狗的蹦，蹦得惊慌不已，紧张极了；蝗虫的蹦，翅膀撑开，脚爪张开，威风十足；小兔子的蹦，好像不情不愿、慢慢吞吞……好像就这样一种又一种的蹦，只是细微的不同，却又有了转折：来了一只蜗牛，它……蹦不起来，急得流下了眼泪？还是汗水？可以和孩子猜一猜。

图3　绘本童书《蹦！》
文/图：［日］松冈达英
译者：蒲蒲兰
出版者：二十一世纪出版社

阅读这本书的时候，可以跟孩子一起扮演书中的动物，模拟形象——

模拟小动物的表情：惊恐、用力、着急、失望……帮助孩子认识不同的表情，认识表情与心情的对应；并对不同的心情加以命名，让孩子学习对自己的心情的表述（见图4）。

模拟小动物的动作（见图5）：一起模仿每种动物的

图4 模仿小狗蹦起时惊慌的神情

图5 模仿小兔子从蹲着到跳起的动作

"蹦"，认知动物的身体特点，练习大运动能力。

角色扮演时，还可以告诉孩子想象这种动物的形象，增加有趣的动作。想想小动物会怎么说话，这样进一步发挥创造力，练习了孩子的口头表达能力。

○阅读猜猜猜——《昆虫万岁》

《昆虫万岁》是一本以昆虫为主题的童诗绘本（见图6），书中有16种常见的昆虫：细腰的蚂蚁、滚粪球的屎壳郎、蹦蹦跳跳的蚂蚱、臂如镰刀的螳螂、会放屁的椿象（见图7）、尾巴像大夹子的蠼螋（见图8）、忙着采蜜的蜜蜂……

图6 《昆虫万岁》的封面
作者：[韩]李尚教
绘者：[韩]李惠利
译者：杨梦黎
出版者：广西师范大学出版社

臭气攻击波

别惹我！
小心吃我一记臭气攻击波

脚臭味儿
屁味儿
屎味儿
垃圾味儿
你们可能都闻惯了
比起我放屁虫的味儿
那些都不过是小菜一碟

可别惹到我！
小心吃我一记臭气攻击波

图 7　会放屁的椿象

哐，夹夹虫

夹夹虫的尾巴上
长着一个
可怕的大夹子

这是用来晾衣服的呢？
还是用来夹纸片的？

黑黝黝的大夹子
哐地张开了大嘴
又合上了

图 8　尾巴像大夹子的蠼螋

75

它们各有本领，所配的诗歌写出了它们的特点，充满童真。

　　与孩子一起朗读这些诗时，可以玩阅读猜猜猜的游戏：建议复印后裁剪《昆虫指套》（见图9），戴在手指头上。读诗时，一人读诗，另一人根据诗的内容，猜一猜，认出正确的昆虫。玩一轮，也可以交换任务，这样都能感受诗歌的趣味，认知昆虫的特点，也能锻炼手指的灵活性。

图 9　昆虫指套

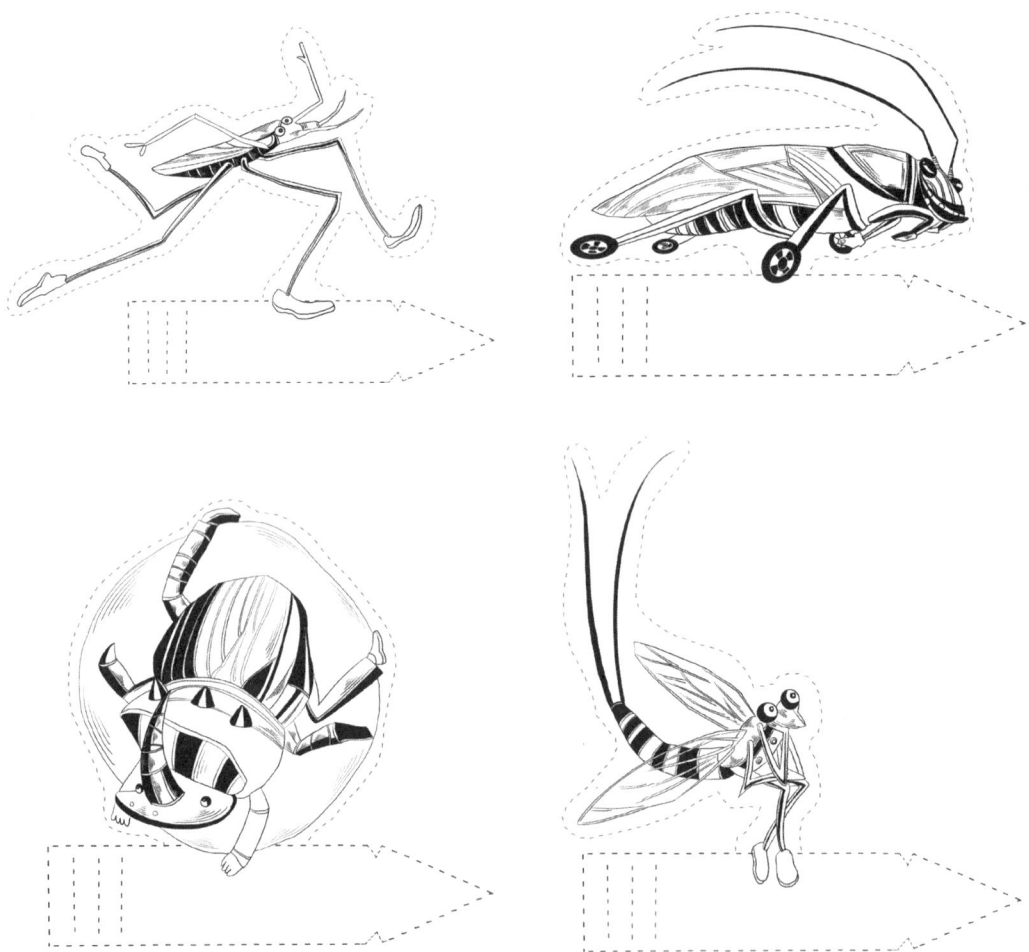

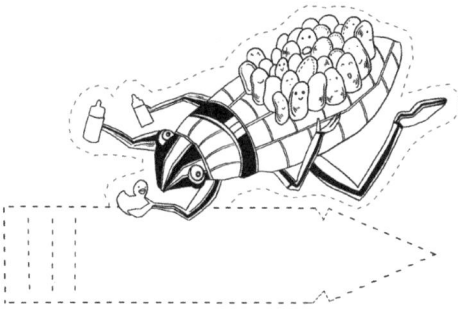

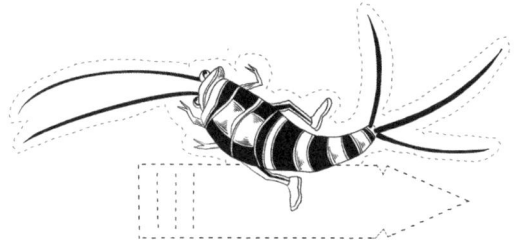

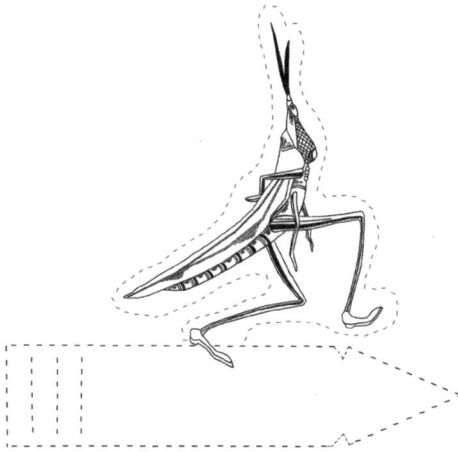

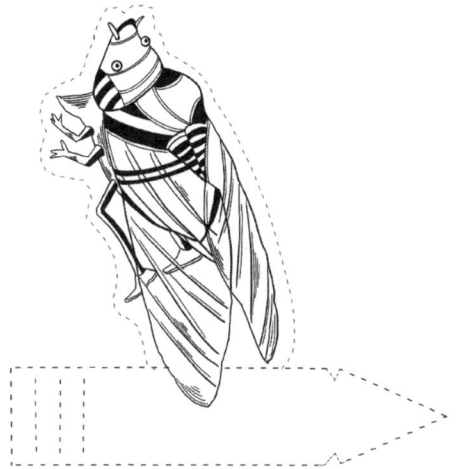

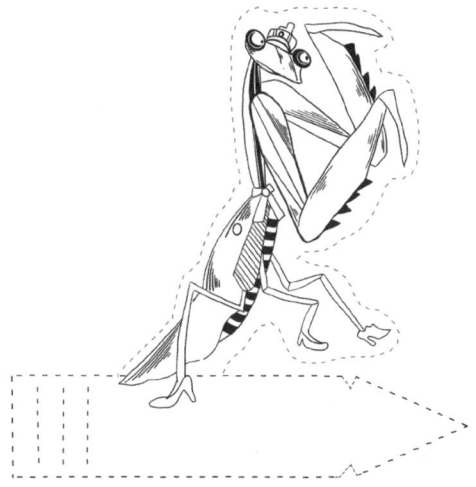

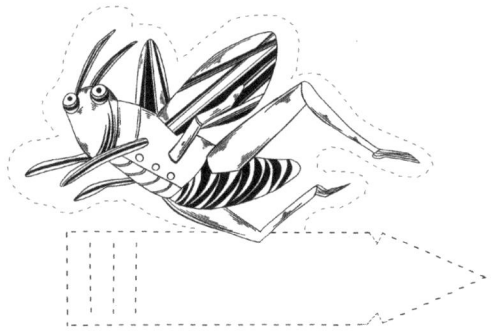

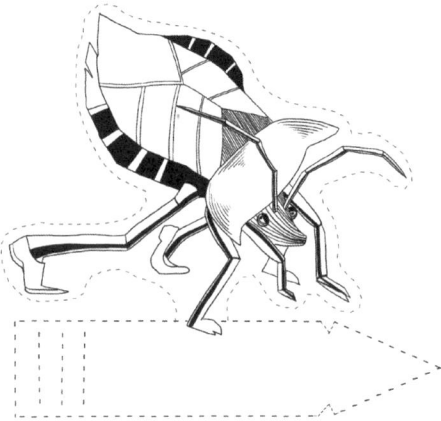

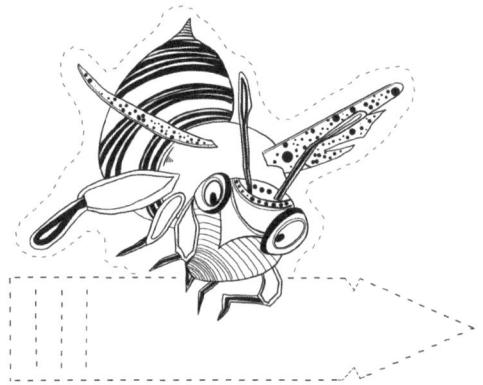

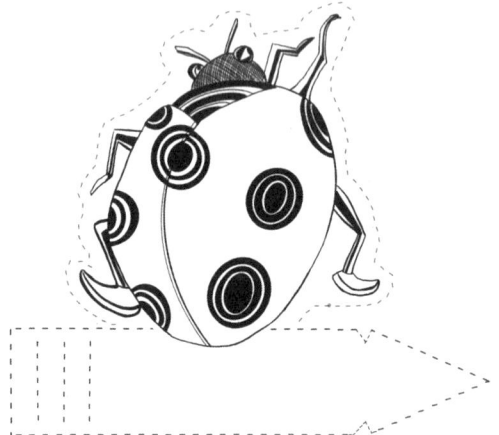

图 9　昆虫指套

绘者：周燕妮

六、打倒阅读中的“拦路虎”

阅读，是我们探索世界、汲取知识的重要途径。然而，在陪伴孩子阅读的过程中，我们可能会遇到形形色色的“拦路虎”，让我们来看看这些“拦路虎”什么样，寻找打倒“拦路虎”的办法。

1.静不下来

现象：每次捧起书本，孩子心浮气躁，无法沉浸其中。

解答：注意是“每次”，而不是偶尔一次，那么说明孩子没有养成阅读的习惯，对文字有“疏离感”，所以坐不稳、静不下来。相比电视和手机短视频的声音、画面、文字的综合性“强刺激”，文字的吸引力本就没有那么强。解决这个问题的核心还是在于帮助孩子养成阅读习惯。如果是幼儿期的孩子，家中可以不放电子产品，营造书香环境，并坚持每天与孩子一起看书，如果孩子识字不多，可以陪着一起读书，帮助孩子理解。看书的过程应该是温馨舒适的，不要太多提问，要乐于倾听孩子的表达，让孩子感受到被重视和被爱。渐渐地，让孩子养成读书习惯。如果已经是学龄期较大年龄的儿童，如果孩子"读不进去"，可以设置每天固定的朗读时间，朗读一定时长，可以跟孩子一起朗读，规避孩子走神的情况，渐渐适应对文字的阅读。朗读的文本选择，如同前文所讲，选择适宜儿童的优秀作品，或者给孩子主动权，让孩子自己在给定的范围内挑选感兴趣的，让孩子读起来更有主动性。

养成阅读习惯肯定不是一蹴而就的，会有一个过程，需要耐心。

2. 只看图画书

现象：只对图画书感兴趣，对纯文字图书敬而远之。

解答：可以从图文结合的图书开始过渡，逐渐增加文字比例，直至完全适应纯文字阅读。

如果从孩子开始阅读就注意提升识字量，虽然不提前学习汉字，但在日常生活中留意帮助孩子识记常见的汉字，并随着孩子成长，更换家中的图画书，把过于简单的图画书、没有营养的"快餐书"从书架上清理出去，渐渐增加"桥梁书"（文字量介于图画书与纯文字书之间的书，通常适用于二三年级的孩子）的比重，就可以较好地帮助孩子过渡到纯文字书的阅读阶段。

问题往往出在不及时清理书架，而人都是有惰性的，倾向于优先做"轻松"的事，孩子就容易把手伸向那些或许看了很多遍的、幼年时出于认知世界而设计的简单的图画书，阻碍了孩子进一步向纯文字图书阅读的过渡。

3. 看不进"大部头"

现象：面对厚重的巨著，总是望而却步，觉得难以消化。

解答：首先，不是每本"大部头"都是好书，也不是好书就适宜孩子目前的阅读程度。其次，我们对书本的阅读，往往是有阶段性的，也许今年还看不进去，明年却爱不释手。所以不要担心孩子眼下看不进巨著，要分析孩子是为何看不进去。

是因为这部书的内容不适宜，还是孩子看到书太厚就望而生畏了？如果是前者，那么要重视对书的选择，要以孩子的兴趣为出发点，同时加以引导。通过孩子能接受的方式去诱导孩子阅读，例如与孩子讨论这部书中他可能感兴趣的情节和角色，给孩子先翻看书中最能吸引人读下去的篇章……让孩子对这本书感兴趣，再进一步往下读。如果是后者，也可以陪伴孩子将大部头分解成若干小部分，每天阅读一小部分，积少成多，慢慢攻克。

有一个调查，就是作家对名著的阅读比例，结果显示，再经典的名著，也有作家不喜欢、也有读者不喜欢。所以，没法强求孩子喜欢每一部经典，也没法强求孩子喜欢每一部所谓的必读"大部头"。只能尽力而为、顺势而为，引导并鼓励孩子。

4.读了"没效果"

现象：读完一本书后，感觉什么都没记住，效果不佳。

解答：阅读本来就是滴水石穿的积累过程，我们难以在孩子读一本之后就马上看出孩子识字量增加了、创造力提升了、理解力提高了……但是，时间无言，却自有答案，当孩子读完一本书，又读完一本书，在读完一本又一本书之后，量变就会产生质变。如果太多考问孩子读完一本书之后的"效果"，只会让孩子太有压力，而心生畏惧。我们要做的是为孩子阅读的书本内容把关，选择值得读的优秀作品去阅读，并陪伴孩子去坚持。当孩子读完 100 万字、读完 200 万字……他的阅读理解能力跟阅读之前一定不在同一个量级。

当然，在阅读的过程中，也可以适度地提出细节要求，例如阅读之前可以先帮孩子注音，或者要求孩子自己给难字注音，抑或要求孩子在阅读中对关键词句画线，或者做笔记，交流阅读的心得，但这些要求应该是以不损伤孩子的阅读兴趣、不让孩子畏惧阅读为前提，根据每个孩子的学习兴趣、时间来灵活安排。

阅读的效果不是在短时间里能够显现的，阅读对语感的提升，阅读对孩子情感的丰盈、对孩子人生道路的指引、对儿童思维能力的发展，都是渐进的，都是"润物细无声"的，是难以用试卷的分数去评判的。所以，最适用于阅读路上鼓励孩子和自己的一句话是"但行好事，莫问前程"。

5. 只读某一类书

现象：只对某种特定类型的图书感兴趣，对其他类型的图书则完全不感兴趣。

解答：每个人都有自己的阅读趣味，有偏好也是可以理解的，通常对这一现象不必过于焦虑。给予孩子"阅读自由"，让孩子有自由阅读的空间和时间，也要有选书的自由。不过，选书的自由是相对的，给定孩子阅读优秀作品的范围，在优秀作品中选择。

如果孩子是只读图画书、只读轻松搞笑的书、只读流行小说、只读儿童文学作品等，要考虑阅读的书要有内涵，不可以偏食，或者沉浸于无营养的快餐阅读。随着进入小学、识字量增加，要转向纯文字书的阅读，清理家中书架上过于简单的图画书，用定时朗读等方法帮助孩子养成阅读纯文字书的习惯；如果只读轻松搞笑、流行小说等，那么告诉孩子，阅读经典好比吃正餐，阅读轻松的书好比吃零食甜点，零食可以用来调剂心情，但不能提供生长所需的营养，只能在碎片时间偶尔翻翻。

为家中的书架提供全面的有营养的图书，为构建孩子的知识系统作出规划，告诉孩子多样的阅读经验有助于思维的拓展，让孩子试着从其他类型的图书中自主选择一本开始尝试，可能会发现新的兴趣点。

6. 读书时不愿意做笔记

现象：读书时觉得做笔记很麻烦，或者认为自己记忆力好，不需要做笔记。

解答：对这个问题也要从两个维度来看，一方面，不要增加孩子的阅读负担，不要让阅读成了有任务、令孩子心生畏惧的事。让孩子感受阅读的乐趣，才能让孩子养成阅读习惯、更喜爱阅读；另一方面，读书要动笔，把浅阅读变成深阅读，让阅读更有收益，这也是有必要的。那怎么平衡这两个方面呢？

要看孩子的具体情况——

如果孩子尚未养成阅读习惯，不够喜欢阅读，那这个阶段不要对孩子提出太多要求，首要的事情是让孩子读起来，养成阅读的习惯，把读书当作一件有意思的事情，有兴趣的事情。

如果孩子已经养成阅读的习惯，愿意读书，那么就可以循序渐进地给孩子提要求：阅读时拿一支铅笔，把有意思的语句画出来，或者把不熟悉的字词画出来，或者把可以借用的词句画出来，或者可以顺手在书边写下感想。如果这一步能做到，还可以鼓励孩子做一本阅读记录册，记录阅读的书名，做摘录笔记，可以摘录字词、语句。可以为孩子选定好用的阅读记录册，阅读并记录，定期向家人展示记录册，让孩子体验阅读记录的成就感。当孩子在口头表达或写作中运用到做笔记的内容，要及时指出并夸赞，让孩子从内心体会到做笔记的作用。

俗话说"好记性不如烂笔头"，做笔记不仅可以加深对内容的理解，还能在日后回顾时提供很好的参考。

7. 读了许多书，写文章还是没有词

现象：明明读了很多书，但写作时仍感觉词汇匮乏，无从下手。

解答："读了很多书"，要看读的是什么书，如果读的书中有相当的图画书，那么图画书本身的词汇就很有限，孩子能从中学习的词汇就更有限；如果读的是同年龄段的作文书，那么同年龄的孩子彼此间的词汇差异也不太大，能够从中学习的也有限；如果是读的漫画书、图片为主的书，书中词汇也有限……所以，要积累词汇，还是要重视文字书的阅读，在孩子进入小学后，就要做好向纯文字书阅读的转向，这样孩子在阅读中才能积累更多词语。还有，如前所述，要阅读经典作品，经典作品中的词汇更丰富，语句更精彩，可以作为提升语感和写作模仿的范例。

除了阅读和积累、收集好词好句，还要运用，也就是要在写作中去运用，这样才能真正转化为自己的储备。否则，读了很多书，词汇还是积累在摘抄本上，或者心里，不能熟练地运用在写作中。词语只

有经常在笔头使用，才能渐渐地熟悉，渐渐地自然流于笔端。低年段或者时间紧张时，可以做每天的口头造句练习或者写句练习，小学中高年级阶段要定期写作。

多读多写，是写作的不二法门。

8. 不愿意朗读

现象：觉得朗读很傻，或者不好意思大声读出来。

解答：朗读是一种很好的学习方式，能帮助孩子更深入地理解文本。可以选择一篇抒情散文比较一下：默读一遍，可能会有五分感动；但是朗读一遍，可能会有十分感动，心中深深共鸣。有科学研究表明，朗读比默读调动的神经数量更多，记忆也更深刻。"朗读便于记忆，默读便于思考"，朗读可以让我们更好地体会文字的音韵美、节奏美，感受字里行间的韵味。

如果孩子不愿意朗读，或者还没有养成阅读习惯，家长可以坐下来和孩子一起朗读，带着孩子一起感受文字之美。读的内容，可以选几本文字流畅优美的纯文字书，让孩子从中挑一本，这样既让孩子有自由选择的空间，又不至于选一本完全不适合朗读的书。在读的过程中，既不去过多提问，让孩子受到回答的压力，也不去太多纠结字词的指读认读。只要在温馨愉悦的环境中做这样一件事，就像一起坐下来吃一份甜点一般。只要坚持朗读，坚持较长时间以后，或许是半年，或许是一年，孩子渐渐养成了读文字书的习惯，阅读的习惯也就渐渐养成了。

等到孩子养成朗读的习惯，你会发现，孩子的识字量提升了、记忆力也提高了、背书的本领也更强了。那时，孩子对阅读的兴趣一定也有了。

9. 默读时容易走神

现象：默读时，思绪经常飘走，无法集中注意力。

解答：孩子在默读时走神是一个常见的问题，注意力是有限的资源，尤其是对于儿童来说，他们的注意力集中时间比成年人短。因此，当孩子在默读时容易走神，这可能是由于他们的注意力资源有限，无法长时间集中在阅读上。尤其对于阅读理解能力较弱或阅读材料较难的孩子来说，一边读一边理解文字，认知的负荷可能会加剧注意力的分散，更容易分心。

孩子默读时，选择安静的环境，让孩子能够全身心投注于所读的书上，不要在旁边走动、提问，要减少干扰。还可以固定一处"阅读角"，布置舒适的座椅和合适的灯光，让孩子进行阅读。

孩子所读的书，要合乎孩子的心意。如前文所述，要为孩子选择优秀作品，但是家长选的优秀作品不爱看怎么办？优秀作品的范围很广，选择时注意孩子的识字量与所选图书的字词难度是否匹配，可以多选几种程度适合的书，让孩子在这个范围里自由选择。这样孩子既有兴趣，又不偏离家长的导向。

在默读的过程中，可以用手指头指读，即用手指头指着一个字一个字地滑动，这样也能够孩子把注意力放在正在阅读的内容上，且帮助孩子阅读不漏字。还可以手握铅笔，用笔尖指着字，或者一边勾画一边阅读。

还可以用间隔阅读的方式。将阅读时间分成较短的间隔，例如每次阅读15—20分钟，然后休息5分钟。可以用番茄钟定时，这样可以避免孩子注意力过度疲劳，提高阅读的有效性。

在每次阅读前，为孩子制定具体的阅读目标，例如阅读完某一章节或理解某一段落的主要内容。这有助于孩子在阅读过程中保持专注。

还可以教孩子一些简单的自我调节技巧，如深呼吸、短暂的放松练习等，帮助他们重新集中注意力。

通过以上方法，可以帮助孩子在默读时减少走神，提高阅读效率和理解力。最重要的是家长需要耐心和鼓励，让孩子在一个支持性的环境中逐步改善他们的阅读习惯。

10. 只喜欢读情节跌宕的故事

现象：只对那些情节曲折、高潮迭起的故事感兴趣。

解答：故事性强的图书确实吸引人，就像我们大人喜欢看一些扣人心弦的电影一样，孩子也喜欢被故事带入情节紧凑、充满刺激的世界里，这样的书更加让孩子沉浸其中，更容易产生情感共鸣。而且每个人都有自己的阅读趣味，就像每个人都有自己的口味一样，所以要尊重孩子的喜好。如果他喜欢这类书，可以跟孩子一起探讨、寻找这类书中的佳作。

但阅读不应该仅限于此，科普、历史、传记、散文、诗歌……你会发现这些图书同样具有魅力。可以尝试从孩子已经喜欢的故事类型中延伸，找到与之相关的其他图书。比如，如果孩子喜欢读魔法故事，可以介绍一些与魔法有关的不同风格的图书，如魔法揭秘、魔法故事作家的传记、魔法故事原型的历史背景、魔法故事发生地的地理科普等。这样孩子就比较容易接受。有时候，孩子可能只是因为没有接触到其他类型的图书而对其不感兴趣。

再渐渐地为孩子提供一些不同类型的阅读材料，可以用看一部分电视电影节目预告的方式来激发兴趣，或者用陪伴一起朗读的方式来走进其他类型的作品。随着孩子的知识面宽了、兴趣广了，也就自然而然能读更多类型的作品了。

总之，阅读的最终目的是培养孩子的阅读兴趣和习惯，而阅读喜好是一个逐步培养的过程。

11. 不喜欢读写景的文章

现象：对于描写风景、环境的文章或段落提不起兴趣，但是孩子的写作练习需要有这方面的阅读积累。

解答：根据皮亚杰的认知发展理论，孩子在不同的认知发展阶段对不同类型的内容有不同的兴趣。对于较小的孩子来说，他们可能更喜欢具体、生动的情节，而不是抽象、静态的描写；写景的文章通常节奏较慢，缺乏明显的情节推进，这可能会让孩子觉得无聊，难以保持注意力。

起初可以选择一些既有故事情节又包含景物描写的篇章来阅读，例如《哈利·波特》中的霍格沃茨城堡描写就非常生动，但并不脱离主要情节。可以告诉孩子把这本书中的景物描写圈画出来朗读，也可以玩个有趣的画画游戏，选一段景物描写，把作家所描述的景象画出来，或者选择有相应插图的书，结合图片来体会写景的文字，会更有兴趣。还可以去到景物实地，与孩子一起朗读写景的篇章，体会文字与景物的美。尝试从不同的角度去欣赏写景的文章，逐渐培养兴趣，提高文字审美力。

12. 不愿意读有深度的书

现象：觉得有深度的图书太过晦涩难懂，读起来很累。

解答：孩子的阅读兴趣往往是由他们的个人爱好和生活经验所驱动的。相对于有深度的书，孩子可能更倾向于阅读那些能够立即带来愉悦和满足感的图书。而有深度的书通常涉及复杂的情节、人物和主题以及高难度的字词，甚至可能超出了孩子当下的认知能力范围。但阅读有深度的书，理解作品的内容，可以拓展思想的深度，锻炼思维能力。

起初，可以选择一些对于孩子来说深度适中、内容丰富但又不太复杂的图书作为过渡。家长可以与孩子一起阅读有深度的图书，与孩子讨论书中的主题、情节和人物，可以帮助孩子更好地理解和欣赏。例如，读完一段后，可以问孩子："你觉得这个人物为什么会这么做？"或者问："这个情节让你想到了什么？"在讨论中尊重孩子的意见，不要直接给出答案，况且有的问题是开放式的，没有唯一的答案。对问题的解答要与孩子一起探讨、推导。甚至有时明知孩子的说法不太恰当，也不要直接指出，可以在接下来的阅读中继续用提问来引导，最后让孩子自己去得出答案。不必过于追求读的结果，有的问题需要交给时间去解决。随着对有深度的书读得越来越多，你会发现孩子的思维能力和理解能力、认知水平在渐渐提高。

当发现了孩子的进步，要给孩子正向的激励，告诉孩子："读书就像冒险，每一本书都是一个新的世界，你永远不知道会发现什么宝藏。"

13. 读书读得太快

现象：阅读速度很快，但往往对内容一知半解。

解答：读得太快，意味着孩子可能只是匆匆地浏览文字，而没有真正理解其中的内容。这可能是因为情节太吸引人，孩子迫切想知道后面的结果，养成了快速阅读的习惯；也可能是孩子感到无聊或缺乏对阅读的兴趣，因此只是为了完成任务而匆忙阅读。

但并不是所有的书都要精读。有的书需要细嚼慢咽，深入体会，而有的书快速浏览即可。所以对于孩子"读书太快"，要看孩子读的什么书，如果读的是快餐式的书、休闲的书、图多字少的不太"烧脑"的书，读得快一点也无关紧要；如果孩子读的是需要仔细体会的作品，或者读任何书都一翻而过，那么就要跟孩子交流读书的方法问题，让孩子认识到，不同的书要用不同的读书方法，有的书要"快读"，有的书要"慢读"。在日常的阅读中，帮助孩子试着放慢阅读速度，给自己更多的时间去思考和消化书中的内容。如果孩子自己难以控制阅读速度，那么可以提醒孩子用手指指着读，以此减缓阅读速度；或者预先提几个问题，告诉孩子在阅读中寻找答案；或者与孩子讨论书中的内容，激发孩子研究这本书的兴趣，这样也可以让孩子更加关注书中的内容，从而减缓阅读速度，帮助孩子建立更好的阅读习惯。

"欲速则不达"，与孩子一起慢读好书，从而提高阅读理解能力、深度思考能力。

14. 读完后复述不出内容

现象：读完一本书后，很难复述出书中的主要内容和情节。

解答：孩子读完一本书后复述不出内容，并不意味着孩子没有理解或没有记住书的内容，而可能只是表达能力还在发展中。理解和表达是两个不同的技能，前者是内在的认知过程，后者则涉及语言表达和组织能力。儿童认知心理学的研究表明，理解能力和表达能力并不总是同步发展的。心理学家皮亚杰指出，儿童的认知发展是通过不断的适应和组织来进行的。在读书过程中，孩子需要先适应书中的内容，然后将其组织在大脑中，最后才是表达出来。这个过程需要时间和练习，没法一蹴而就。

在阅读过程中，尝试让孩子做笔记或者画思维导图来帮助自己梳理书中的内容。有的孩子对视觉信息的记忆更为深刻，可以让孩子画出故事中的场景或者人物，通过图画来复述故事。这种方法不仅有趣，还能增强孩子的记忆和理解。对于较厚的图书，可以分章节阅读后复述，每读完一部分让孩子复述一部分内容。复述时尽量让孩子讲，少插话，多鼓励。巧妙提示，不着痕迹地示范总结，让孩子有兴趣、有信心复述，逐步提高孩子的复述能力。

当然，也有一种可能是，孩子读得太快，或没读明白，从而无法复述。要考虑书的难易程度与孩子的认知匹配，有的书读了懵懵懂懂，还不太明白，就不要为难孩子，让孩子多一些阅读的兴趣，少一些对阅读的畏惧，不必每本都"考察"、每本都去追求一个结果，那样，把阅读的快乐变成了阅读的压力，得不偿失。

正如阿尔伯特·爱因斯坦认为的，教育的真谛在于教会孩子独立思考，而不是简单地传授知识。阅读是一个长期的过程，复述需要在阅读中去逐步练习。关键在于，家长要有耐心，并通过有趣和富有创意的方式来激发孩子的表达欲望。在这个过程中，我们要学会等待。

15. 摘抄的词句从来不用在作文中

现象：虽然摘抄了很多好词好句，但在写作时却很少使用它们。

解答：摘抄不仅仅是为了积累，更是为了应用。在写作时，练习使用摘抄的好词好句，能加深对这些词句的理解和记忆，也能逐步提高写作水平。

从认知心理学角度来看，理解和运用语言是两个不同的过程。摘抄词句意味着孩子能够识别和欣赏这些语言，但将其应用到自己的写作中则需要更高层次的技能。这个过程涉及从识记到生成的转变。皮亚杰的研究表明，儿童的认知发展是一个逐步积累的过程。在这一过程中，孩子需要不断地通过实践和反馈来提高语言运用能力。

孩子在日常写作前，可以先朗读字词摘抄本，回味、激活积累的词句，这样在写作时，如果有恰当的语境，就可以用上；还可以在日常生活中去运用摘抄的这些字词，让孩子先从口头练起，家长提示某个词句，让孩子口头造句、延伸说一段话，这样比要求孩子在纸上造句更容易。

当孩子在作文中成功运用了摘抄的词句时，及时给予表扬和鼓励。积极的反馈可以增强孩子的自信心和积极性。英国作家马修·阿诺德曾说："学习最好的方法是模仿，而模仿的最终目的是创造。"孩子在摘抄词句的过程中，其实已经在模仿优秀的语言表达，我们可以见缝插针地帮助孩子将模仿转化为创造。例如，有一个孩子喜欢读《小王子》，经常摘抄书中的句子。在一次作文中，他写道："星星因为有一个你爱的人而闪耀。"这句话灵感来自《小王子》，但经过他的理解和改编，成为他自己作文中的精彩一笔。

通过这些方法，相信孩子不仅能更好地运用摘抄的词句，还能提高整体的写作水平。关键在于，我们要有耐心，给予孩子足够的支持和引导。在这个过程中，孩子会逐渐发展出自己的语言风格，写作能力也会不断提高。

16. 读书时总是漏字或读错

现象：在朗读过程中，经常会出现漏字、读错或者理解错误的情况。

解答：这可能是因为注意力不集中或者阅读习惯不好导致的。尝试在阅读时保持专注，用手指指着文字逐行阅读，这样可以减少漏字和读错的情况。同时，也可以在阅读后进行自我检查或者与他人共读一本书来发现自己的错误。

孩子在阅读时漏字或读错可能有几个原因：首先，可能是因为他们在阅读时注意力不集中。也许是由于外部干扰，如嘈杂的环境，或者分心、思维发散。为了帮助孩子集中注意力，我们可以创造一个安静、舒适的阅读环境，并在孩子读书时减少手机等其他干扰因素。

另一个可能的原因是识字量不足，没有查阅字词的习惯。孩子对不认识的字，不想去查阅，也不想请教，就直接跳过。这种情况，如果是对需要精读的优秀作品，可以提示孩子先把要阅读的篇章浏览一下，把不认识的字注音，或者家长代为注音，扫清阅读障碍。渐渐地，孩子阅读的量上去了，认识的字多了，漏字跳字的情况就会减少。重在逐渐养成阅读的习惯，尽量减少学习的负担。如果孩子能自己查阅字词，或者阅读后对难字难词巩固朗读，就要多鼓励多表扬。

还有可能是阅读习惯不好，做事疏漏。可以要求孩子用手指指着逐字朗读，慢慢调整习惯。阅读是一个逐步提高的过程，我们应该鼓励孩子，给予他们足够的时间和支持。就像爱因斯坦所说，教育的目的不仅在于给予我们生活所需的知识，还在于培养我们的思维能力。通过耐心和支持，孩子能够克服阅读中的困难，并享受阅读带来的乐趣和收获。

17. 读书时要人盯着

现象： 需要有人在旁边监督或者提醒才能坚持阅读。

解答： 阅读应该是一种自觉的行为，而不是需要他人监督的任务。孩子在阅读时要人盯着可能是孩子还没有养成自主阅读的习惯，也可能是读的书不是他想要读的，孩子感到压力或焦虑。

阅读习惯的养成过程中，很重要的是"兴趣""坚持""自由"，需要做好这三者的平衡。陪伴孩子阅读，让孩子坚持阅读，同时也给孩子一些自由的空间和时间，让他可以做主，这样阅读的效率和兴趣也许更高。让他们有机会选择自己感兴趣的图书，并且在阅读过程中，尽量不要过多干预或纠正他们的阅读行为，除非是确实需要帮助的地方。这样可以让孩子感到更加自信，减轻他们的压力和焦虑。

在还没有养成阅读习惯时，可以用陪伴朗读的方式跟孩子一起阅读，朗读中尽量不要去纠正孩子，只要你自己读得对，孩子渐渐就会跟上你的节奏，一起读下去，读完一页、一章、一本……渐渐地，读得多了，孩子也就不需要你的陪伴，可以独立去读，感受阅读的乐趣了。

18. 不喜欢读名著

现象： 需要有人在旁边监督或者提醒才能坚持阅读。

解答： 孩子与书的缘分，是有年龄段的，也是与孩子的思维发展、兴趣爱好关联的。也许当前这个时期，名著的语言、情节或者主题与孩子的兴趣不太相符，有的书也许在一个时期里再三劝孩子读，孩子也读不下去，但过一段时间，孩子自己又把这本书找出来读得津津有味。所以，我们首先做的还是创造阅读条件，提供阅读环境，自己也爱读书，爱与孩子讨论书，让孩子在书香中成长。其次，着意培养孩子阅读的习惯，参见前面的其他章节。

如果孩子已经有阅读习惯，但就是对老师和家长要求阅读的那些名著不感兴趣，那么还是要给孩子时间，不强求去读什么，只要孩子还在阅读文字书、阅读好的文字作品，就要多尊重孩子的选择，不必勉强。

如果是由于考试或者学校的要求，必须读完某些名著，而孩子又很不喜欢读这些书，那么可以想想办法——

用自己的语言向孩子讲述名著中的精彩故事和寓意，或者选择一些孩子可能感兴趣的片段朗读给他听，勾起孩子的阅读兴趣。

给孩子欣赏这本名著的音频片段或视频片段，激发孩子想要知道结果的心理，渐渐地引入对这本书的阅读。

如果是比较艰深的特别长的作品，可以给孩子先读简编版的名著，或者选择适合孩子阅读水平的名著改编版本，让孩子先读完，理解故事情节，慢慢培养对阅读名著的信心。

在这个过程中，我们要引导而非强迫，要指导而非指责。

不必追求读很多，也不必非要在某个年龄读完什么书，对书的阅读是与对人生这本大书的阅读相结合的。诗人叶芝说："教育不是注满一桶水，而是点燃一把火。"作为家长，我们的目标是点燃孩子对阅读的热爱，而不是简单地填满他们的知识之桶。通过耐心和细心的引导，我们可以帮助孩子发现名著中的乐趣，从而培养他们对阅读的终身热爱。

19. 不喜欢读古典白话小说

现象：对《三国演义》《水浒传》等古典白话小说读不下去。

解答：这些古典白话小说是列入书单的中小学生必读作品，但是孩子们常常读不下去。要注意孩子的阅读能力和心智水平的发展，如果还没有到能读这些书的时候，不必勉强。如果孩子已经到了中学阶段，语文试卷中又常常考到这些作品，孩子却读不下去，怎么办呢？万事开头难，有时候孩子是刚刚看个开头就畏难，而且往往这些古典白话小说的开头部分，并不是那么吸引人。例如《红楼梦》开头的那些对后文有很深预言意味的语句，孩子对之难以理解，很容易就这样放下这本书，产生一种难读的印象。要想孩子愿意去读古典白话小说，可以从这些方面入手——

首先，平时注意文言文的学习，培养孩子阅读文言的能力，能把文言文读好，再读古典白话小说中那些半文半白的字句就不难了。

可以不从书的开头读起，而是在了解故事背景、时代背景的情况下，让孩子从中间吸引他的地方入手读起，也许孩子一直读下去，读完后面的，再来看前文，也不觉得难了。

从评书、电视、电影等多种形式入手去了解故事情节，勾起阅读的兴趣，吸引孩子继续阅读。

每读完一个章节，给孩子小小的奖励，激励孩子继续读下去。

在这个过程里不要急躁，讨论中多倾听孩子的意见，认可孩子的观点，让他得到鼓励。就像叶圣陶先生所说："教师之为教，不在全盘授予，而在相机诱导。"我们家长可以说是孩子的贴身教师，也应该遵循教育的理念，要"诱导"，而非"训导"。阅读世界那么美，我们要怀着愉悦的心情去陪伴孩子推开一扇扇新的门。

20. 不喜欢读文学作品

现象：孩子不喜欢读文学作品。

解决方法：孩子不喜欢读文学作品，可能是对文学作品中的情感表达或者文学语言还不够理解或者欣赏。但是，文学作品所呈现的丰富人生体验和情感世界对于孩子的成长是很重要的。苏联教育学家苏霍姆林斯基说："没有一条寓有诗意的、感情的和审美的清泉，就不可能有学生的智力发展。"阅读文学作品能够丰富孩子的内心，发展孩子的智力，是不可或缺的阅读体验。

起初，可以从儿童文学作品中挑选主题轻松、语言简单的图书，特别是与孩子近期感兴趣的话题相关的作品，去逐步培养孩子的阅读兴趣和理解能力。

与孩子一起探讨文学作品中的情感表达和人物内心世界，帮助他理解和感受故事中的情感变化和人物命运，从而增加对文学作品的兴趣。

将文学作品中的情节和人物与孩子的日常生活联系起来，让孩子能够从中找到共鸣和启发，从而增加对文学作品的兴趣和理解。例如读的是与校园生活相关的儿童文学作品，那把书中的角色与孩子身边的角色对应，把书中的故事与孩子的生活对应，去讨论可能会怎么发展、可以怎么处理、有什么启发，多鼓励孩子发表意见，让孩子体会到阅读的成就感。

鼓励孩子参加与文学作品相关的创意活动，例如绘画、手工制作或者角色扮演，让他通过亲身参与来深入理解和体验文学作品的魅力。在孩子心里树立文学作品中的英雄形象，用文学作品中的语句来与孩子开玩笑、讲故事，都可以让孩子对文学作品更有感情。

通过阅读文学作品，孩子可以认识更辽阔的世界、更广远的文明、更博大的内心。这将成为他生命中的宝贵财富。

阅读中的"拦路虎"虽然多种多样，但只要我们用心去寻找解决方案，就一定能够克服它们。让阅读成为我们生活的一部分，让知识的光芒照亮我们的未来之路。

附录一

阅读记录表

试着制定一个月的阅读计划，把这一个月分为四周，每周填写阅读记录表。选一部经典作品阅读，阅读过程中最好能拿笔勾画自己有心得的地方、觉得作者写得精彩的语句，也可以试着就作者的写法、故事情节的走向、主人公的心理变化等方面提出问题，在"阅读小记"中写下自己的感想、记录问题。

＿＿＿＿＿＿＿＿的阅读记录

阅读记录			自我评价	
日期	书名／页码	阅读小记	专注阅读	☆ ☆ ☆ ☆
星期一				
星期二			圈点勾画	☆ ☆ ☆ ☆
星期三				
星期四			提出问题	☆ ☆ ☆ ☆
星期五				
星期六			写下批注	☆ ☆ ☆ ☆
星期日				